godet

Jean-Denis Godet
Knospen und Zweige
Einheimische Baum- und Straucharten

THALACKER MEDIEN

Die Originalausgabe des vorliegenden Buches
erscheint unter dem gleichen Titel
im Arboris Verlag, CH-3032 Hinterkappelen
© 1. Auflage 1983, 10. Auflage 1999 Arboris Verlag

Die Deutsche Bibliothek – CIP Einheitsaufnahme

Godet, Jean-Denis:
Knospen und Zweige : einheimische Baum- und Straucharten /
Jean-Denis Godet, - 10., verb. Aufl. - Braunschweig :
Thalacker-Medien, 1999
    ISBN 3-87815-131-4

© 1999 Thalacker Medien, Postfach 8364, 38133 Braunschweig

Alle Rechte, insbesondere die der Übersetzung in fremde Sprachen, bleiben vorbehalten. Die Bestimmungsbücher dürfen ohne schriftliche Erlaubnis des Verlages weder ganz noch teilweise durch Fotokopie oder auf andere Weise reproduziert und auch nicht in eine für Datenverarbeitungsanlagen geeignete Form übertragen werden. Nachahmung, Nachdruck sowie jede Art der Vervielfältigung oder Wiedergabe bedürfen der schriftlichen Zustimmung des Verlages.
Urheberrechtlich geschützt sind insbesondere auch
– Art und Aufbau der Beschreibung
– Systematik und Gruppierung von Text und Bild.

Alle Fotos stammen vom Autor und wurden von ihm eigenhändig bearbeitet und für die technische Umsetzung vorbereitet.

Printed in Belgium

gedruckt auf umweltfreundlich chlorfrei gebleichtem Papier

10. verbesserte Auflage März 1999

ISBN 3-87815-131-4

Inhaltsverzeichnis

	Vorwort	5
1	**Einführung**	7
1.1	Erkennungsmerkmale der Gehölze im Winter	7
1.1.1	Einleitung	7
1.1.2	Habitus	7
1.1.3	Rinde und Borke	8
1.1.4	Zweige	11
1.1.5	Blattnarben	12
1.1.6	Knospen	14
1.1.7	Knospenschuppen	14
1.2	Zeigerwerte	15
1.3	Anleitung zum Gebrauch der Bestimmungstabellen	21
1.3.1	Gliederung	21
1.3.2	Aufbau	24
1.3.3	Übersichtstabelle	24
2	**Der Bestimmungsschlüssel**	25
2.1	Nadelgehölze	25
2.2	Laubgehölze	37
2.2.1	Gegenständige Knospen	37
2.2.2	Abwechselnd zweizeilig angeordnete Knospen	55
2.2.3	Spiralförmig angeordnete Knospen	63
2.2.4	Immergrüne Laubgehölze	111
3	**Alphabetischer Farbteil der** **150 Baum- und Straucharten**	121
4	**Literaturverzeichnis, Fotonachweis**	422
5	**Register**	
	Verzeichnis der lateinischen Art- und Gattungsnamen	423
	Verzeichnis der deutschen Pflanzennamen	427

Der Autor

Jean-Denis Godet ist Primar,- Sekundar- und Biologielehrer für Gymnasien und hat sich als Autor zahlreicher Pflanzenbestimmungsbücher internationalen Ruf erworben. Von ihm erschienen sind bereits: 'Knospen und Zweige', 'Blüten einheimischer und wichtiger fremdländischer Baum- und Straucharten', 'Bäume und Sträucher', 'Pflanzen Mitteleuropas', 'Einheimische Bäume und Sträucher', 'Alpenpflanzen', 'Wiesenpflanzen', 'Zimmerpflanzen' sowie die Herausgabe des 'Heilpflanzen-Kompendiums'. Verschiedene Titel sind in bis zu zwölf Sprachen übersetzt worden und auf ausländischen Buchmärkten erhältlich.

Vorwort

Nachdem mein erstes Buch 'Bäume Europas in den vier Jahreszeiten' die Vielfalt der Formen wichtiger freistehender Bäume aufgezeigt hat, möchte ich mit diesem Pflanzenführer im Taschenbuchformat allen, die sich aus beruflichem Interesse oder privater Neigung mit unseren heimischen Baum- und Straucharten eingehender befassen wollen, einen treuen Begleiter für das Winterhalbjahr an die Hand geben.

Zur sicheren Bestimmung der Erscheinungsformen unserer Gehölze im Winter werden in der Einführung die wichtigsten Erkennungsmerkmale aufgelistet. Diese zentralen Grundlagen in Teil I ermöglichen, daß das Bestimmen der Bäume und Sträucher auch im Winter zu einem lehrreichen und kinderleichten Spiel und Vergnügen wird.

Der von mir entwickelte und erstmals für die Wintermerkmale bis in die Artmerkmale hinunterreichende Bestimmungsschlüssel weist für alle wichtigen Erkenungsmerkmale detailgenaue Farbbilder aus. Übersichtlich angeordnet und typographisch hervorgehoben findet der interessierte Leser in Teil II die nötigen Fachinformationen.

Nach dieser Systematik vorgebildet lassen sich im Teil III weitere Feinheiten für den Naturkundefreund identifizieren. Auf je einer Doppelseite sind alle notwendigen Merkmale zum sicheren Bestimmen der Pflanzen übersichtlich in Wort und Bild angeordnet.

Ein lateinisches und ein deutsches Verzeichnis der Pflanzennamen ermöglichen die gezielte Suche nach namentlich bekannten Baum- und Straucharten.

Für die zahlreichen Anregungen und guten Ratschläge, die ich im Laufe der Niederschrift zu diesem Buch erhalten habe, möchte ich allen ganz herzlich danken. Auch gilt mein Dank THALACKER MEDIEN, die es mir ermöglichen, meine Bücher für die Leserschaft zu günstigen Bedingungen auch in Deutschland und Österreich zu vertreiben.

Möge dieser Pflanzenführer allen Freunden unserer Gehölze ein guter Ratgeber und treuer Begleiter auf Spaziergängen, Wanderungen und Exkursionen sein und dazu beitragen, daß Schönheit, Vielfalt und Reichtum der Natur auch in unseren Bäumen und Sträuchern erhalten bleiben.

Hinterkappelen, im Januar 1999   **Jean-Denis Godet**

1. Einführung

1.1. Die Erkennungsmerkmale der Gehölze im Winter

1.1.1. Einleitung

Wer sich im Bestimmen unserer Gehölze auch im Winter üben will, muss zuerst einen Überblick über die verschiedenen Bestimmungsmerkmale erhalten.
In diesem Buch sollen nun nur diejenigen Merkmale aufgeführt werden, welche mit blossem Auge oder mit einer guten Lupe zu erkennen sind. Solche, die aus dem inneren Bau der Zweige und Knospen hervorgehen, bleiben unberücksichtigt (Ausnahmen: Sálix cinérea L. [S. 75] und Sálix cáprea L. [S. 76]), weil diese normalerweise nur mit Hilfe eines Mikroskopes und umständlicher Präparationsmethoden untersucht werden können.

1.1.2. Habitus

Abb. 1
Acer pseudoplátanus
Berg-Ahorn

Abb. 2
Sálix álba
Silber-Weide

Abb. 3
Quércus róbur
Stiel-Eiche

Nach dem Laubfall kommt die Kronenform viel mehr zur Geltung als im Sommer, so dass es möglich ist, ältere und besonders freistehende Bäume bereits aus einer grösseren Entfernung erkennen zu können. Äussere Einflüsse wie Schnee, Regen, Wind, Pilzbefall, Standort, oft auch der Schnitt und die Tatsache, dass Bäume der gleichen Art nie die genau gleiche Verzweigungsart aufweisen, führen meist zu einem leicht veränderten Habitus.
Je vertrauter wir aber mit den Bäumen im Winterzustand sind, umso geringer wird die Zahl derer, die wir aus einer gewissen Entfernung nicht schon an ihrem Habitus erkennen können. Wir erkennen sie an sehr schwer zu beschreibenden Zügen, so wie gut bekannte Menschen bereits aus einer grösseren Entfernung an Gang und Haltung erkannt werden.
Der winterliche Habitus stellt aber nie ein so klares und eindeutiges Merkmal dar, dass er zum Zweck der Bestimmung herangezogen werden könnte.

1.1.3. Rinde/Borke

Abb. 4
Plátanus acerifolia
Platane

Abb. 5
Quércus róbur
Stiel-Eiche

Abb. 6
Bétula péndula
Hänge-Birke

Für sehr viele Baum- und Straucharten ist die Rindenstruktur und Farbe so charakteristisch, dass eine einwandfreie Bestimmung gewährleistet werden kann. Eine gute fotografische Abbildung mit einer genauen Farbangabe, eine genaue Beschreibung der Oberflächenstruktur und des Baus, sowie Gehölze mit typisch ausgebildeter Rinde oder Borke sind Voraussetzungen für die genaue Bestimmung. Weil die Rinde ihren Charakter im Zusammenhang mit dem Lebensalter oft ändert – bei jungen Bäumen ist die Rinde meist glatt und die Borkenbildung setzt erst mit dem Alter ein – sollten nur Borken ausgewachsener Bäume herangezogen werden.

1.1.4. Zweige

Bei allen Gehölzen bilden die einjährigen Zweige, also die Zweigstücke, die in der letzten Vegetationsperiode gewachsen sind, eigentlich die Grundlage für die Erkennung im Winterzustand, denn sie haben meist unveränderliche Merkmale und sind leicht zu beschaffen. Verwendet werden sollten stets Triebe aus den äusseren Teilen der Gehölze. Wasser- und extreme Schattentriebe zeigen in Form und Farbe häufig Abweichungen, die leicht zu Fehlbestimmungen führen können und daher nicht zum Bestimmen verwendet werden sollten.

Abb. 7
Staphyléa pinnáta
Pimpernuss

Abb. 8
Lárix decídua
Europäische Lärche

Abb. 9
Gínkgo bíloba
Ginkgobaum

Bei den Zweigen unterscheiden wir:

Langtriebe: sind unbegrenzt wachstumsfähige Seitentriebe mit längeren Abschnitten (= Internodien) zwischen den Knospen (Abb. 7).

Kurztriebe: sind Seitentriebe, die ihr Wachstum bald einstellen, kürzere Internodien besitzen, ein beschränktes Wachstum haben, meist nur eine Endknospe aufweisen, oft verdornen, sowohl Blüten-, als auch Blätter hervorbringen können, am Aufbau des bleibenden Zweiggerüstes nur einen geringen Anteil haben und zum Beispiel beim Ginkgobaum (Abb. 9), Goldregen und Apfelbaum/Birnbaum viele Jahre alt werden können.

Bei der **Lärche** (Abb. 8) besitzt jeder Langtrieb im 1. Jahr schraubig angeordnete Einzelnadeln; am Ende der Vegetationsperiode bilden sich an einzelnen Achseln früherer Nadeln Kurztriebe, die im nächsten Frühjahr ganze Nadelbüschel tragen und mehrere Jahre weiterwachsen können.
Eine scharfe Trennung zwischen Lang- und Kurztrieben kann allerdings nicht immer durchgeführt werden.

Unter der **Form der Zweige** verstehen wir die Gestaltung des Zweigquerschnittes. Häufig ist er nicht auf der ganzen Länge der gleiche. So kann er zum Beispiel im oberen Teil kantig, im unteren Bereich der einjährigen Triebe kreisrund sein. Folgende Formen können voneinander unterschieden werden:

- Rund: Verbreitetste Form (Abb. 11)
- Dreieckig: Häufig bei den Zweigenden der Erlen (Abb. 10)
- Vierkantig: Jasmin
- Sechseckig: Gewöhnliche Waldrebe
- Mit gefurchten Oberflächen: Berberitze (Abb. 12)
- Mit Längsrippen oder Flügelleisten: Spindelstrauch

Zweigquerschnitte:

Abb. 10
Alnus glutinósa
Schwarz-Erle

Abb. 11
Sambúcus racemósa
Roter Holunder

Abb. 12
Berberis vulgáris
Berberitze

Einjährige Zweige sind äusserst mannigfaltig gefärbt. Vorherrschend sind braune bis rotbraune, grünliche oder graue Töne. Bei der gleichen Art oder auch dem gleichen Baum oder Strauch kann die Färbung in sehr weiten Grenzen schwanken. Wichtigster äusserer Faktor ist dabei die verschieden intensive Belichtung. Die dem Licht zugewandte Seite eines Zweiges weist häufig gerötete oder gebräunte Töne auf, die Schattenseite bleibt eher grünlich (z. B. Gemeiner Spindelstrauch, Seite 209).

Ausgezeichnete Erkennungsmerkmale auf der **Oberfläche der Zweige** bilden Haare (z. B. Seite 193), Schuppen (z. B. Seite 227), Harzdrüsen (z. B. Seite 149), Stacheln (z. B. Seite 343) oder Dornen (z. B. Seite 147). Es muss aber beachtet werden, dass von der Jugendbehaarung des Frühherbstes gegen den Spätwinter zu nur noch Reste der Behaarung übrig bleiben können. An mehrjährigen Zweigen sind dann die Haare vollends verschwunden.

Lentizellen sind mehr oder weniger stark gegen die Umgebung abgegrenzte rundliche oder längliche Flecken oder Höckerchen des Korkgewebes, die durch Ausbildung zahlreicher Interzellularen die Verbindung zwischen der Aussenluft und dem lebenden Gewebe aufrechterhalten und so den Gasaustausch zu den inneren Geweben garantieren.

Abb. 13
Labúrnum alpínum
Alpen-Goldregen

Abb. 14
Cércis siliquástrum
Judasbaum

Abb. 15
Acer pseudoplátanus
Berg-Ahorn

Lentizellen fehlen zum Beispiel bei der Waldrebe, bei Geissblatt- und Weidenarten. Beim Judasbaum (Abb. 14) können sie so zahlreich sein, dass sie den einjährigen Zweigen ein besonderes Aussehen verleihen.

Als **Dornen** bezeichnen wir unverzweigte oder verzweigte und lang zugespitzte Pflanzenteile. Sie sind durch Umwandlung von Blättern oder Blatteilen (= Blattdornen, Abb. 16, 17), Sprossachsen (= Sprossdornen, Abb. 18) oder in seltenen Fällen von Wurzeln (= Wurzeldornen) entstanden und enden meist in einem verholzten und dreistrahligen Dorn. Da der Holzkörper dem Holzteil des Tragastes entspringt, sind Dornen nur schwer abzubrechen.

Abb. 16
Berberis vulgáris
Berberitze

Die Laubblätter der Hauptsprosse werden in je einen oft dreistrahligen Blattdorn umgewandelt. Die Seitenkurztriebe stehen in den Achseln der Dornen und tragen im Sommer die Laubblätter.

Abb. 17
Robínia pseudoacácia
Falsche Akazie

Hier entwickeln sich die Nebenblätter zu Dornen

Abb. 18
Cratǽgus monógyna
Eingriffliger Weissdorn

Seitenständige Kurztriebe werden zu Sprossdornen

Der Wert der Dornen als Winterkennzeichen darf nicht überschätzt werden, da sie an einjährigen Zweigen häufig noch fehlen. Um auch mit diesem Merkmal arbeiten zu können, müssen ältere Zweige herangezogen werden.

An der Bildung der **Stacheln** (z. B. Seite 343) sind neben der Oberhaut nur wenige tiefer reichende Teile des darunterliegenden Gewebes beteiligt, daher lassen sie sich leicht abbrechen.

1.1.5. Blattnarben

Einige Wochen vor dem herbstlichen Laubfall bildet sich am Blattgrund eine Trennungsschicht aus, deren Zellen sich langsam voneinander lösen, ohne dass dabei eine Verletzung entsteht.
Während des Laubfalls zerreissen bei dieser Trennungsstelle noch die vom Zweig in das Blatt führenden Gefässbündel. Zurück bleibt die Blattnarbe, die bald einmal durch Korkzellen nach aussen abgeschlossen wird. Die ehemaligen Gefässbündel sind in Gestalt von Punkten oder Strichen meist gut sichtbar und werden als Blattspuren oder Spuren bezeichnet. Da sie unveränderlich und von äusseren Einflüssen unabhängig sind, kommt ihnen für die winterliche Bestimmung der grösste Wert zu. Nicht immer sitzt die Blattnarbe dem Zweig flach auf, sondern liegt häufig auf einer mehr oder weniger starken seitlichen Anschwellung des Zweiges – dem Blattkissen. Wo Nebenblätter vorhanden sind, lassen diese häufig deutliche Narben zurück,

die neben den Blattnarben sitzen und ebenfalls zur Bestimmung herangezogen werden können. Da sie meist nur sehr klein und oft schlecht sichtbar sind, wurden sie in diesem Buch als Merkmal weggelassen.
Die Zahl der Blattspuren auf einer Blattnarbe schwankt zwischen einer und zahlreichen.

Abb. 19
Vaccínium uliginósum
Moorbeere

Abb. 20
Gínkgo bíloba
Ginkgobaum

Abb. 21
Staphyléa pinnáta
Pimpernuss

Einspurig: Abb. 19
Zweispurig: Abb. 20
Dreispurig: häufigster Fall

Vierspurig: Rebe
Fünfspurig: Vogelbeerbaum
Vielspurig: Abb. 21

Sind die Blattspuren auf den Blattnarben nur noch undeutlich festzustellen, so sollte mit einem scharfen Messer die oberste Korkschicht sorgfältig entfernt werden.

1.1.6. Knospen

Diejenigen Stellen, an welchen die Laubblätter dem Spross aufsitzen, sind nach der späteren Streckung der Sprossachsen knotig verdickt. Diese Blattansatzstellen mit den darüber liegenden Blattknospen werden als Knoten (= Nodien) bezeichnet. Die Zweigstücke zwischen zwei Knoten heissen Stengelglieder oder Internodien.
Alle seitlich am Zweig stehenden Knospen werden im Gegensatz zu der den Zweig abschliessenden Endknospe (= Terminal- oder Apikalknospe) als Seitenknospen bezeichnet.

Bereits im Herbst enthalten alle Knospen in ihrem Innern in einem winzigen Massstab vorgebildet und kunstvoll zusammengefaltet und zusammengerollt bereits alle für das nächste Jahr notwendigen Blätter und Blütenstände.

Abb. 22
Sambúcus racemósa
Roter Holunder

Einzelnen Gattungen fehlt eine echte Endknospe. Das Längenwachstum der Zweige wird später durch die letzten Seitenknospen übernommen.

Abb. 23
Syrínga vulgáris
Flieder

Abb. 24
Vibúrnum ópulus
Gemeiner Schneeball

Abb. 23: Der letzte Stengeltrieb verkümmert bereits im Sommer, so dass in Zukunft das oberste Seitenknospenpaar den Zweig abschliesst (Seite 393)

Abb. 24: Das oberste Stengelglied fällt im Herbst häufig ab, so dass das gegenständige oberste Seitenknospenpaar den Zweig abschliesst (Seite 419)

Bei den Seitenknospen können wir folgende Anordnungen unterscheiden:

Gegenständige Knospenstellung

Immer zwei Knospen stehen sich auf gleicher Höhe gegenüber. Wir sprechen von *zweizähligen* oder *dimeren* Wirteln.
Bei einer *kreuzgegenständigen* Anordnung (Abb. 25) liegen die übereinanderliegenden Knospenpaare in einem rechten Winkel zueinander (= dekussierte Knospenstellung). Dies ist der Fall bei Ahorn, Esche und Rosskastanie.

Abb. 25
Acer pseudoplátanus
Berg-Ahorn

Zweizeilige Knospenstellung (= distiche Knospenstellung = Distichie)
Die Knospen stehen einzeln nur an zwei gegenüberliegenden Zweigseiten abwechselnd übereinander.
Einen besonderen Fall der Zweizeiligkeit finden wir an den mehr oder weniger waagrecht wachsenden Seitentrieben vieler Laubbäume. Die

aufrechten Primärachsen weisen im Gegensatz zu den Seitenzweigen eine zunächst schraubige Anordnung der Knospen auf.
Im 2. und 3. Jahr jedoch neigen sich diese Haupttriebe stark seitlich. Gleichzeitig geht auch die jetzt unzweckmässig gewordene Knospenstellung zur Zweizeiligkeit über (optimale Lichtausnutzung!)
Castánea satíva zeigt an Langtrieben eine zweizeilige, an Kurztrieben eine spiralige Knospenstellung.

Spiralige Knospenstellung (= schraubige K. = Dispersion)
Die Knospen sind einzeln in einer spiraligen Linie um den Zweig angeordnet.

Drei- und vierzählige Wirtel:
Nadeln oder Laubblätter sind zu drei oder vier auf der gleichen Höhe um den Zweig angeordnet.

Dreizählige Wirtel: Juníperus commúnis und J. nana
(Seiten 232, 233 und Seiten 234, 235)
Vierzählige Wirtel: Eríca tetrátix (Seiten 204, 205)

Abb. 26
Vibúrnum ópulus
Gem. Schneeball

Abb. 27
Rhámnus cathártica
Gem. Kreuzdorn

Sind die einander gegenüberstehenden Blattnarben durch eine feine Linie oder Leiste miteinander verbunden oder berühren sie sich sogar, so stehen die Knospen stets genau gegenüber (Abb. 26). Fehlt diese Linie oder berühren sich die Blattnarben nicht, so können die Knospen gelegentlich in der Höhe etwas gegeneinander verschoben sein. Wir sprechen dann von schiefgegenständiger Knospenstellung (Abb. 27).

1.1.7. Knospenschuppen

Die meisten Gehölze schützen ihre sehr empfindlichen Bildungsgewebe (= Apikalmeristeme) in den kalten, beziehungsweise trockenen Jahreszeiten in Ruheknospen. An ihrem Aufbau sind Niederblätter oder Nebenblätter in Form von Knospenschuppen beteiligt. Die äusseren sind dabei lederartig, von Haaren überzogen, von Harz-, Gummi oder Schleimausscheidungen über- oder verklebt und schliessen Luftschichten ein und bilden daher wirksame Schutzorgane. Diese Schuppen werden im Frühjahr abgestossen.
Für die Bestimmung ist besonders die Anzahl der an der geschlossenen Knospe äusserlich sichtbaren Knospenschuppen wichtig.
Im allgemeinen können wir 3 Gruppen voneinander unterscheiden:

Gehölze mit:
1 Schuppe: Plátanus (Seite 69) und Sálix (Seiten 70–77)
Die Schuppe ist hier wie eine Kapuze über die Knospe gestülpt
2–4 Schuppen: Alnus (Seiten 78, 79), Vaccínium (Seiten 79, 80), Fícus (Seite 81), Júglans (Seite 81)
5–viele Schuppen: Seiten 82–110

Die Stellung der Knospenschuppen an der Knospe entspricht meist den Stellungsverhältnissen der Knospen am Zweig (gegenständige Knospenstellung – gegenständige Stellung der Knospenschuppen). Ein weiteres gutes Unterscheidungsmerkmal bildet die Form der Knospenschuppen.

Nicht alle Baum- und Straucharten haben Knospen mit Knospenschuppen. In diesen Fällen übernehmen die äussersten und mit einem dichten Haarkleid besetzten Blättchen den Schutz der inneren Anlagen.

Abb. 28
Vibúrnum lantána
Wolliger Schneeball

Abb. 29
Frángula álnus
Faulbaum

Noch viele weitere Wintermerkmale könnten beschrieben werden, doch genügen die hier aufgeführten zur Bestimmung der einzelnen Arten.

1.2. Die Zeigerwerte

Die physiologischen Möglichkeiten und die Konkurrenz der anderen Lebewesen gestatten es den Pflanzen nur unter ganz bestimmten Umweltbedingungen zu wachsen. Mit den Zeigerwerten, die auf der Erfahrung und auf Beobachtungen von Feldbotanikern beruhen, soll nun versucht werden, diese Bedingungen etwas zu charakterisieren. Man muss sich aber im klaren sein, dass diese Werte nur empirische Mittelwerte des ökologischen Vorkommens darstellen, hinter denen sich weite Amplituden verbergen. Eine sehr feine Einteilung könnte deshalb leicht eine nicht vorhandene Genauigkeit vortäuschen.
So können Pflanzen unter verschiedenem Wärmeklima einen anderen Feuchtezeigerwert besitzen oder in besonders konkurrenzarmen Standorten, wie Schuttplätzen oder Anrissstellen, kann sich die Pflanze ganz anders verhalten, als ihr Zeigerwert vermuten lässt. Bei der Verwendung der Zeigerwerte sollte man auch wissen, dass eine Art nur gerade über die Standortsfaktoren jener Schichten etwas aussagt, in der sie wächst. So kann es vorkommen, dass Moose und oberflächlich wurzelnde Zwergsträucher einen sauren und mageren Boden anzeigen, während die tiefer wurzelnden Sträucher und Bäume einen Basen- und Nährstoffreichtum erkennen lassen.

Für eine einigermassen sichere Beurteilung der Merkmale eines Standortes sollten deshalb die Zeigerwerte möglichst vieler der dort wachsenden Arten herangezogen werden.
Die hier angegebenen Zeigerwerte gelten nur für das Gebiet der Schweiz und sollten deshalb in anderen geographischen Gegenden mit der notwendigen Vorsicht verwendet werden.

Feuchtezahl (F)
Sie kennzeichnet die mittlere Feuchtigkeit des Bodens während der Vegetationszeit

1 – Hauptverbreitung auf sehr trockenen Böden
  – Ausgesprochener Trockenheitszeiger
  – Auf feuchten Böden nicht konkurrenzfähig
  – Auf nassen Böden nicht vorhanden

2 – Hauptverbreitung auf trockenen Böden
  – Zeiger mässiger Trockenheit
  – Sehr trockene und nasse Böden meidend
  – Auf feuchten Böden kaum konkurrenzfähig

3 – Auf mässig trockenen bis feuchten Böden
  – Trockene und nasse Böden meist meidend
  – Zeiger mittlerer Feuchtigkeitsverhältnisse

4 – Hauptverbreitung auf feuchten bis sehr feuchten Böden
  – Hin und wieder auf nassen Böden vorkommend
  – Trockene Böden werden gemieden
  – Feuchtigkeitszeiger

5 – Auf nassen, vom Wasser durchtränkten Böden
  – Nässezeiger
  – Mittelfeuchte und trockene Böden werden gemieden

↑ – Pflanzen an Bächen, Flüssen, in Flussauen oder unter Hangwassereinfluss

w – Pflanzen auf Böden mit wechselnder Feuchtigkeit: nach Regenfällen ist der Boden feuchter, nach Trockenperioden trockener, als die Feuchtigkeitszahl angibt.

Reaktionszahl (R)
Sie charakterisiert den Gehalt der freien H-Ionen im Boden

1 – Hauptverbreitung auf sehr saurem Boden (pH 3–4,5)
  – Ausgesprochener Säurezeiger
  – Nie auf neutralen bis basischen Böden vorkommend

2 – Hauptverbreitung auf sauren Böden (pH 3,5–5,5)
  – Säurezeiger
  – Kaum auf neutralen bis basischen Böden

3 – Verbreitung auf schwach sauren Böden (pH 4,5–6,5)
  – Nie auf sauren Böden
  – Gelegentlich auf neutralen oder schwach basischen Böden

4 – Hauptverbreitung auf basenreichen Böden (pH 5,5–8)
  – Basenzeiger
  – Auf sehr sauren Böden nicht vorkommend

5 – Fast nur auf basenreichen Böden vorkommend (pH über 6,5)
   – Ausgesprochener Basenzeiger
   – Saure Böden meidend

X – Auf sehr sauren bis basischen Böden vorkommend; mittlere Bereiche werden gemieden, da dort nicht konkurrenzfähig

Nährstoffzahl (N)
Gibt den Nährstoffgehalt, insbesondere den Stickstoff, des Bodens an

1 – Hauptverbreitung auf sehr nährstoffarmen Böden
   – Ausgesprochene Magerkeitszeiger
   – Auf nährstoffreichen Böden nicht vorkommend

2 – Hauptverbreitung auf nährstoffarmen Böden
   – Magerkeitszeiger
   – Böden mit guter bis übermässiger Nährstoffversorgung werden gemieden (nicht konkurrenzfähig)

3 – Hauptverbreitung auf mässig nährstoffarmen bis mässig nährstoffreichen Böden
   – Auf sehr nährstoffarmen und auf übermässig gedüngten Böden nicht vorkommend

4 – Hauptverbreitung auf nährstoffreichen Böden
   – Nährstoffzeiger
   – Auf nährstoffarmen Böden kaum vorkommend

5 – Hauptverbreitung auf übermässig mit Nährstoffen (meist Sticktoff) versorgten Böden
   – Überdüngungszeiger
   – Nie auf nährstoffarmen Böden wachsend

X – Auf nährstoffarmen wie auf nährstoffreichen Böden vorkommend

Humuszahl (H)
Sie ist charakteristisch für den Humusgehalt des Bodens am Standort der Pflanze

1 – Hauptverbreitung auf Rohböden (ohne Humusbedeckung)
   – Rohbodenzeiger
   – Böden mit dicken Humusschichten werden gemieden

2 – Hauptverbreitung auf Böden mit geringer Humusbedeckung
   – Mineralbodenzeiger
   – Auf Torf- und Moderboden nicht vorkommend

3 – Hauptverbreitung auf Böden mit mittlerem Humusgehalt (meist als Mull vorhanden)
   – Nur selten auf Roh- oder Torfböden wachsend

4 – Hauptverbreitung auf humusreichen Böden, aber mit einem Teil der Wurzeln in den Mineralboden reichend
   – Humuszeiger

5 – Fast nur im humusreichen Boden wurzelnd
   – Rohhumus- oder Torfzeiger
   – Mineralböden meidend

X – Pflanzen sowohl auf Roh- als auch auf Humusböden wachsend

Dispersitätszahl (Durchlüftungsmangelzahl) (D)
Sie kennzeichnet die Teilchengrösse und die Durchlüftung des Bodens besonders mit Sauerstoff am Standort der Pflanze

1 – Hauptverbreitung auf Felsen, Felsblöcken und Mauern
   – Felspflanze

2 – Hauptverbreitung auf mittlerem bis gröberem Schutt, Geröll oder Kies; der Durchmesser eines Geröllteilchens im Wurzelhorizont über 2 mm)
   – Geröll-, Kies- und Schuttpflanzen

3 – Hauptverbreitung auf durchlässigen, skelettreichen oder sandigen, sehr gut durchlüfteten Böden; der mittlere Durchmesser der Gesteinspartikel im Wurzelhorizont beträgt 0,05–2 mm

4 – Hauptverbreitung auf skelettarmen, meist feinsandig-staubigen mehr oder weniger gut durchlüfteten Böden; der mittlere Durchmesser der Feinerdepartikel beträgt 0,002–0,05 mm
   – Pflanzen auf Felsen und Grobschutt nicht vorkommend

5 – Hauptverbreitung auf sehr feinkörnigen, tonigen oder torfigen, meist wasserundurchlässigen oder zumindest schlecht durchlüfteten Böden; der mittlere Durchmesser der Feinerdepartikel beträgt weniger als 0,002 mm
   – Sandige, kiesige oder felsige Böden werden gemieden
   – Oft Ton- oder Torfzeiger

X – Pflanzen auf felsigen sowie torfigen oder tonigen Böden

↑ – Zeiger für beweglichen Schutt

Salzzeichen (S)
Sie gibt an, ob die Pflanze auch im salzhaltigen Boden wachsen kann

+ – Pflanzen auch auf salzhaltigen Böden wachsend

− – Pflanzen meiden salzhaltige Böden

Lichtzahl (L)
Sie ist charakteristisch für die mittlere Beleuchtungsstärke, bei der die Pflanzen während ihrer Vegetationszeit noch gut wachsen können

1 – Noch in sehr schattigen Lagen wachsend
   – Ausgesprochene Schattenzeiger

2 – Hauptverbreitung in schattigen Lagen
   – Schattenzeiger
   – Im Licht nur an konkurrenzarmen Stellen

3 – Oft im Halbschatten aufwachsend
   – Im vollen Licht selten anzutreffen

4 – Hauptverbreitung im vollen Licht
   – Lichtzeiger
   – Zeitweise geringere Beschattung ertragend

5 – Nur im vollen Licht wachsend
   – Ausgesprochener Lichtzeiger
   – Keine Beschattung ertragend

Temperaturzahl (T)
Sie ist charakteristisch für die mittlere Temperatur, die die Pflanze während der Vegetationszeit erhält

1 – Hauptverbreitung in der alpinen Stufe
 – An kühlen oder konkurrenzarmen Orten auch in tieferen Lagen vorkommend
 – Typische Hochgebirgs- und arktische Pflanzen
 – In tieferen Lagen Kältezeiger

2 – Hauptverbreitung in der subalpinen Stufe
 – An sonnigen Orten auch in die alpine Stufe steigend
 – An kühleren und konkurrenzarmen Stellen vereinzelt bis in die Tieflagen
 – Gebirgspflanzen und boreale Pflanzen

3 – Hauptverbreitung in der montanen Stufe
 – Auch in der kollinen und subalpinen Stufe vorkommend
 – Meist weit verbreitete Pflanzen

4 – Hauptverbreitung in der kollinen Stufe
 – An sonnigen Orten auch höher hinaufsteigend
 – In tieferen Lagen Mitteleuropas verbreitete Pflanzen

5 – Pflanzen nur an den wärmsten Stellen vorkommend
 – Pflanzen mit Hauptverbreitung im südlichen Europa

Kontinentalitätszahl (K)
Sie kennzeichnet die Temperaturdifferenzen im Tages- und Jahresverlauf und die Luftfeuchtigkeit

1 – Hauptverbreitung in Gegenden mit ozeanischem Klima
 – Notwendig sind milde Winter und hohe Luftfeuchtigkeit
 – Pflanzen mit hohen Temperaturzahlen sind frostempfindlich; Pflanzen mit niederen Temperaturzahlen bedürfen langer Schneebedeckung

2 – Hauptverbreitung in Gegenden mit subozeanischem Klima
 – Spätfröste und grosse Temperaturextreme nicht ertragend

3 – Hauptverbreitung ausserhalb sehr kontinentaler Gegenden

4 – Hauptverbreitung in Gegenden mit relativ kontinentalem Klima
 – Grosse Temperaturunterschiede, niedere Wintertemperaturen und geringe Luftfeuchtigkeit ertragend
 – Stellen mit langer Schneebedeckung meidend

5 – Verbreitung in Gegenden mit kontinentalem Klima
 – Vorwiegend an wind- und sonnenexponierten Stellen vorkommend
 – Nur in den kontinentalsten Gegenden anzutreffen

Wuchsform (W)

p Sommergrüner Phanerophyt
 Holzpflanze, die mehr als 4 m hoch wird, oft baumförmig auftritt und im Herbst die Blätter oder Nadeln abwirft

n Sommergrüner Nanophanerophyt
 wird bis 4 m hoch, ist strauchförmig und wirft im Herbst die Blätter oder Nadeln ab

i Immergrüner Phanerophyt
   Holzpflanze, die mehr als 4 m hoch wird, oft baumförmig auftritt und mit immergrünen Blättern oder Nadeln überwintert
   Immergrüner Nanophanerophyt
   Holzpflanze bis 4 m hoch, strauchförmig und mit immergrünen Blättern oder Nadeln überwinternd

z Holziger Chamaephyt
   Zwergstrauch, der mit Knospen über der Erdoberfläche überwintert und dessen Holzteile meist weniger als 0,5 m hoch werden

e Epiphyt
   Pflanze, die auf Bäumen wächst

Gehölze zur Bodenbedeckung (A)

+ geeignet für die Bodenbedeckung

− ungeeignet für die Bodenbedeckung

Rauchharte Gehölze für Industriegebiete und Grossstädte (B)

+ geeignet

− ungeeignet

Bienennährgehölze (C)

+ besonders wertvoll

− weniger geeignet

1.3. Anleitung zum Gebrauch der Bestimmungstabellen

1.3.1. Gliederung

Gliederung der Baum- und Straucharten		Teil-schlüs-sel	Angabe der Seiten-zahlen	Zahl der enthalte-nen Arten
Nadelhölzer		1	25– 36	16 Arten
Sommer-grüne Laubhölzer	– Gegenständige Anordnung der Knospen	2	37– 54	25 Arten
	– Abwechselnd zweizeilige Anordnung der Knospen	3	55– 62	11 Arten
	– Knospen spiralig angeordnet	4	63–110	77 Arten
Immer-grüne Laubhölzer		5	111–120	21 Arten

1.3.2. Aufbau

- Der Schlüssel wird nach der gegensätzlichen Ausbildung eines Merkmals aufgebaut, wobei das betreffende Merkmal durch einen grossen lateinischen Buchstaben gekennzeichnet ist (A: Mit Blattstielen rankende Sträucher, Seite 37). Die gegensätzliche oder andere Ausbildung des oben genannten Merkmals (AA: Aufrechte Bäume und Sträucher, Seite 37) wird durch Verdoppelung des gleichen Buchstabens gegeben.
  In mehreren Fällen, wo ein Merkmal nicht nur in zwei, sondern in mehreren verschiedenen Formen ausgebildet ist, wird der betreffende Buchstabe mehrmals verwendet:
  A: Baum sommergrün (Seite 25)
  AA: Blätter stets nadelförmig (Seite 25)
  AAA: Blätter entweder schuppenförmig oder nadelförmig (Seite 32)

- Wurde der für die weitere Beschreibung notwendige Buchstabe bereits verwendet (z. B. zur Bezeichnung einer Art, wie auf Seite 37, B/BB), so wird, um Verdoppelungen zu vermeiden, der gleiche Buchstabe auf der rechten Seite mit einer kleinen arabischen Zahl versehen (z. B. B_1, Seite 38)

- Buchstaben, die erstmals für ein Merkmal oder für eine Artbeschreibung verwendet werden, weisen keine arabische Zahl auf.

- Jeder Teilschlüssel beginnt jeweils wieder mit dem Buchstaben A und der arabischen Zahl 1.
- Die eigentliche Bestimmung beginnt mit der Übersichtstabelle (Seite 24), wo bereits entschieden wird, in welchem der 5 Teilschlüssel die zu bestimmende Art gefunden wird.

Beispiel

Für die Bestimmung dieser Art benötigen Sie die Übersichtstabelle, den Bestimmungsschlüssel und die Seiten 132 und 133. Die jeweils zutreffende Aussage wird halbfett hervorgehoben.

Übersichtstabelle: Nadelhölzer (nein, da diese Gruppe keine dreispurigen Blattnarben besitzt)
Laubhölzer ja

Übersichtstabelle: Immergrüne Laubhölzer (nein, da Laubblätter an unserem Beispiel abgefallen sind)
Sommergrüne Laubhölzer ja

Übersichtstabelle: Knospenstellung **gegenständig** → (siehe Seite 37)
zweizeilig
spiralig

A:	Mit Blattstielen rankende Sträucher	Richtig, siehe B oder BB **Falsch, siehe AA** (S. 37)
AA:	Aufrechte Bäume und Sträucher mit überall gut sichtbaren Knospen	**Richtig, siehe B_1** (S. 38) Falsch, zurück zu A
B_1:	Knospen nackt, ohne Knospenschuppen	Richtig, siehe C **Falsch, siehe B_1B_1** (S. 38)
B_1B_1:	Knospen halb offen, Knospenschuppen nur im unteren Teil ausgebildet	Richtig, siehe C_1 **Falsch, siehe $B_1B_1B_1$** (S. 39)
$B_1B_1B_1$:	Knospen geschlossen, also vollständig von Knospenschuppen bedeckt	**Richtig, siehe C_2** (S. 39) Falsch, zurück zu B_1
C_2:	Knospen von 2–4 Schuppen umgeben	Richtig, siehe D **Falsch, siehe C_2C_2** (S. 43)
C_2C_2:	Knospen mit mehr als 4 Schuppen umgeben	**Richtig, siehe D_1** (S. 43) Falsch, zurück zu C_2
D_1:	Zweigspitzen verdornt	Richtig, siehe E_2 **Falsch, siehe D_1D_1** (S. 44)
D_1D_1:	Zweigspitzen nicht verdornt	**Richtig, siehe E_3** (S. 44) Falsch, zurück zu D_1
E_3:	Gegenüberstehende Blattnarben durch eine Linie verbunden oder sich berührend	**Richtig, siehe F** (S. 44) Falsch, siehe E_3E_3
F:	Knospen mit stark klebrigem Überzug versehen und dunkelrotbraun gefärbt	Richtig, siehe G **Falsch, siehe FF** (S. 45)

FF:	Knospen nicht mit klebrigem Knospenleim überzogen	**Richtig, siehe G$_1$** (S. 45) Falsch, zurück zu F
G$_1$:	Knospen am Zweig kreuzgegenständig angeordnet	**Richtig, siehe H-HHHHH** (S. 46–48) Falsch siehe G$_1$G$_1$
HH HH: H	Knospenschuppen gelbgrün, braun bis braunschwarz berandet und an den Rändern schwach weisslich behaart	Acer pseudoplátanus L. Berg-Ahorn (S. 132/133)

1.3.3. Übersichtstabelle

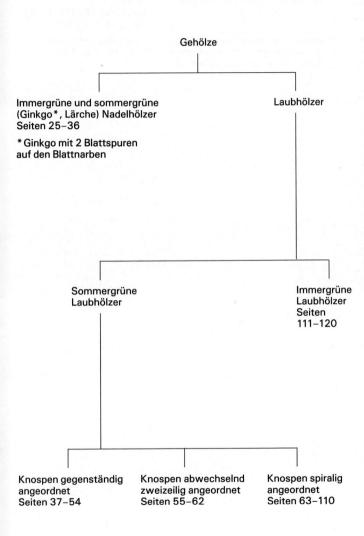

2. Bestimmungsschlüssel
2.1. Nadelhölzer

A
- Baum sommergrün
- Blattnarben zweispurig
- Seitenknospen abstehend
- Kurztriebe fast rechtwinklig abstehend

Richtig, siehe B
Falsch, siehe AA oder AAA (S. 32)

Gínkgo L. – Ginkgobaum, Mädchenhaarbaum

B

Abb. 30
Gínkgo bíloba
Ginkgobaum

Abb. 31
Gínkgo bíloba
Ginkgobaum

51: Gínkgo bíloba L.
Ginkgobaum
(S. 222)

- Junge Zweige graubraun bis braun

- Knospen an Langtrieben wechselständig angeordnet, halb-eiförmig und vorn abgerundet (Abb. 30); an Kurztrieben breit-kegelförmig und vorn abgerundet (Abb. 31)

- Knospenschuppen hellbraun

AA Blätter stets nadelförmig

Richtig, siehe B₁ oder B₁B₁ (S. 28)
Falsch, siehe AAA (S. 32)

B₁ Nadeln nur an Langtrieben (Abb. 32, 33, 34); keine Kurztriebe vorhanden

Abb. 32
Táxus baccáta
Eibe

Abb. 33
Ábies alba
Weisstanne

Abb. 34
Pícea excelsa
Rottanne

Richtig, siehe C oder CC (S. 26)

Falsch, siehe B₁B₁ (S. 28)

C  Nadeln deutlich gestielt und am Zweig 2–17 mm herablaufend (Abb. 35)

Richtig, siehe D

Falsch, siehe CC

Abb. 35
Táxus baccáta
Eibe

Táxus L. – Eibe

D

137: **Táxus baccáta L.** Eibe (S. 394)

● Nadeln gestielt, an den Zweigen herablaufend (Abb. 36), stachelspitzig, oberseits glänzend dunkelgrün und unterseits heller grün; die Unterseite weist zwei blassgrüne Bänder auf (Abb. 37)

● Knospen rundlich bis eiförmig

● Schuppen der Knospen grün und vorn stumpf bis leicht zugespitzt (Abb. 37)

Abb. 36
Táxus baccáta
Eibe

Abb. 37
Táxus baccáta
Eibe

CC

Nadeln nicht deutlich gestielt und am Zweig nicht herablaufend (Abb. 38, 39)

Richtig, siehe D_1 oder D_1D_1 (S. 27)

Falsch, zurück zu C

Abb. 38
Ábies alba
Weisstanne

Abb. 39
Pícea excelsa
Fichte

D₁

Abb. 40
Ábies alba
Weisstanne

Nadeln am Grunde stielartig verschmälert und mit grüner und scheibenförmig verbreiteter Basis dem Zweig aufsitzend (Abb. 40) Nach dem Abfallen der Nadel wird nur eine flache Narbe zurückgelassen; die Zweige sind daher glatt

Richtig, siehe E

Falsch, siehe D₁D₁

Ábies Mill. – Tanne

E

Abb. 41
Abies alba
Weisstanne

Abb. 42
Abies alba
Weisstanne

1: **Ábies alba Mill.**
Weisstanne
(S. 122)

● Nadeln unterseits mit zwei weissen Spaltöffnungsreihen, bis 30 mm lang, 2–3 mm breit und oberseits gut sichtbar gescheitelt; Spitze der Nadeln gekerbt (Abb. 41)

● Junge Zweige reichlich behaart

● Knospen vorn leicht abgerundet, zu mehreren am Ende der Zweige und harzlos

● Knospenschuppen braun (Abb. 42)

D₁D₁

Abb. 43
Pícea excelsa
Fichte

Nadeln am Grunde nicht stielartig verschmälert und je einem zum Zweig gehörigen, bräunlichen und stielartigen Nadelkissen aufsitzend (Abb. 43)

Richtig, siehe E₁ (S. 28)

Falsch, zurück zu D₁

Pícea A. Dietrich – Fichte

E₁

Abb. 44
Pícea excelsa
Fichte

**72: Pícea excelsa Link.
Pícea ábies (L.) Karst.**
Rottanne, Fichte (S. 264)

● Nadeln vom Zweig seitlich und aufwärts abstehend, säbelförmig gekrümmt, steif, deutlich vierkantig, 10–25 mm lang, 1–2 mm breit, zugespitzt, auf der Unterseite gescheitelt und auf allen vier Seiten mit Spaltöffnungslinien (Abb. 44)

● Zweige rotbraun bis gelbbraun und unbehaart (Abb. 44)

● Knospen kegelförmig, schlank, zugespitzt, hell bis rotbraun und harzlos (Abb. 44)

B₁B₁

Abb. 45
Larix decídua
Lärche

Abb. 46
Pinus sylvéstris
Waldföhre

Nadeln entweder an Lang- und Kurztrieben (Abb. 45) oder nur an Kurztrieben (Abb. 46)

Richtig, siehe C₁ oder C₁C₁ (S. 31)

Falsch, zurück zu B₁ (S. 25)

C₁

Abb. 47
Pinus sylvéstris
Waldföhre

Nadeln zwischen 4 und 12 cm lang, in zwei (Abb. 47) oder fünfnadeligen (Abb. 48) Kurztrieben um den Zweig stehend und am Grunde jeweils von häutigen Knospenschuppen umhüllt (Abb. 47)
Blätter der Langtriebe schuppenförmig

Richtig, siehe D₂ (S. 29) oder D₂D₂ (S. 30)

Falsch, siehe C₁C₁ (S. 31)

D₂   Kurztriebe fünfnadelig (Abb. 48)   Richtig,
      Nadeln am Rande fein gezähnt   siehe E₂
                                          oder
                                          E₂E₂

                                          Falsch,
                                          siehe
                                          D₂D₂
                                          (S. 30)

Abb. 48
Pínus cémbra
Arve

Pínus L. – Kiefer, Föhren

E₂

73: **Pínus cémbra** L.
Zirbelkiefer, Arve (S. 266)

● Junge Zweige dick, rostrot, filzig und im 2. Jahr schwarzgrau

● Nadelbüschel sehr dichtstehend

● Nadeln dreikantig, oberseits grün, weisse Längsstreifen aufweisend, stumpfspitzig, an den Rändern fein gesägt (Abb. 49) und 5–12 cm lang

● Knospen langspitzig, meist harzig und Schuppen angedrückt

● Zapfen 6–8 cm lang, kurz gestielt und dickschuppig

Abb. 49
Pínus cémbra
Arve

E₂E₂

76: **Pínus stróbus** L.
Weymouthkiefer (S. 272)

● Junge Zweige dünn, grünlich gefärbt, fein grauhaarig und im 2. Jahr kahl werdend

● Nadelbüschel locker stehend

● Nadeln dreikantig, dunkel- oder graugrün gefärbt, die inneren Flächen mit weissen Längsstreifen, meist zugespitzt und sich weich anfühlend (Abb. 50)

● Knospen eiförmig, schlank und zugespitzt

● Zapfen 10–15 cm lang, bis 4 cm dick, sehr kurz gestielt und dünnschuppig

Abb. 50
Pínus stróbus
Weymouthkiefer

D₂D₂	Kurztriebe zweinadelig (Abb. 51)	Richtig, siehe E₃
		Falsch, zurück zu D₂ (S. 29)

Abb. 51
Pínus sylvéstris
Waldföhre

E₃	Nadeln 8–15 cm lang und dunkel- bis schwarzgrün gefärbt	Richtig, siehe F₁ Falsch, siehe E₃E₃

F₁  **75: Pínus nígra Arnold**
Schwarz-Kiefer (S. 270)

● Nadeln 8–15 cm lang, 15–20 mm breit, dunkel- bis schwarzgrün gefärbt, sehr derb, kaum gedreht und mit einer gelblichen Spitze

● Rand der Nadeln gesägt

● Knospen zylindrisch, 10–25 mm lang, plötzlich scharf zugespitzt und verharzt (Abb. 52)

● Zapfen 4–8 cm lang, 2–3 cm dick, breit kegelförmig, fast sitzend, meist waagrecht abstehend und glänzend hellbraun gefärbt

Abb. 52
Pínus nígra
Schwarz-Kiefer

E₃E₃	Nadeln kürzer als 8 cm	Richtig, siehe F₂ oder F₂F₂ (S. 31) Falsch, zurück zu E₃

F₂

Abb. 53
Pínus múgo
Berg-Kiefer

Abb. 54
Pínus múgo
Berg-Kiefer

74: Pínus múgo Turra
Berg-Kiefer (S. 268)

● Nadeln 2–8 cm lang, 15–20 mm breit, hell- oder dunkelgrün, derb, dichtstehend, dem Zweig mehr oder weniger stark zugekrümmt, halbstielrund und vorn leicht zugespitzt

● Knospen länglich-eiförmig bis rundlich, 6 mm lang, braun und stark verharzt (Abb. 53)

● Zapfen 2–5 cm lang, 1,5–2 cm dick, sitzend oder wenn gestielt, Stiel nie zurückgebogen, nach der Blütezeit schief oder waagrecht abstehend und hellbraun bis dunkelrotbraun gefärbt (Abb. 54)

F_2F_2

Abb. 55
Pínus sylvéstris
Waldföhre

Abb. 56
Pínus sylvéstris
Waldföhre

77: Pínus sylvéstris L.
Wald-Kiefer
Waldföhre (S. 274)

● Nadeln höchstens 7 cm lang, 2 mm breit, auf der inneren Seite bläulich grün, gewölbte Aussenseite dunkelgrün, halbstielrund, gedreht und stachelspitzig

● Knospen länglich, rötlichbraun, selten verharzt, 6–12 mm lang und zugespitzt (Abb. 55)

● Zapfen 2–7 cm lang, 20–35 mm dick, deutlich gestielt (Stiel nach der Blütezeit hakenförmig abwärts gekrümmt) und im reifen Zustand graugrün (Abb. 56)

C_1C_1 Nadeln viel kürzer als 4 cm, zu vielen an Kurztrieben büschelig gehäuft und an Langtrieben einzeln stehend (Abb. 45, S. 28)

Richtig, siehe D_3 (S. 32)

Falsch, zurück zu C_1 (S. 28)

Lárix Mill. – Lärche

D₃

Abb. 57
Lárix decídua
Europäische Lärche

Abb. 58
Lárix decídua
Europäische Lärche

61: **Lárix decídua Mill.**
Europäische Lärche
(S. 242)

● Nadeln an Kurztrieben in Büscheln zu 15–30, über der Mitte am breitesten und vorn stumpfer als bei Nadeln der Langtriebe

● Nadeln an Langtrieben spiralig angeordnet und zugespitzt

● Im Herbst färben sich die Nadeln goldgelb und fallen ab

● Zweige rauh (Abb. 57)

● Knospen der Kurztriebe abgerundet und Endknospe meist harzig

● Zapfen 2–4 cm lang, eiförmig, hellbraun, später grau, aufgerichtet und nach Samenausfall noch mehrere Jahre am Baum bleibend (Abb. 58)

AAA

Abb. 59
Thúja occidentális
Amerikanischer Lebensbaum

Blätter entweder schuppenförmig, gegenständig und sich dachziegelartig deckend (Abb. 59) oder nadelförmig (Abb. 60, S. 33)

Richtig, siehe B₂ (S. 33)

Falsch, zurück zu A (S. 25)

B₂   Zweige rundlich oder vierkantig (Abb. 60, 61) Blätter nadel- oder schuppenförmig (Abb. 60, 61) — Richtig, siehe C₂

Falsch, siehe B₂B₂ (S. 35)

Abb. 60
Juníperus nána
Zwerg-Wacholder

Abb. 61
Juníperus sabína
Sefistrauch

C₂ Blätter stets nadelförmig und jeweils in dreiblättrigen Quirlen um den Zweig angeordnet (Abb. 60, 62) Richtig, siehe D₄ oder D₄D₄ (S. 34)

Nadelförmige Blätter mit hellen Spaltöffnungsstreifen (Abb. 60, 63) Falsch, siehe C₂C₂ (S. 34)

Juníperus L. – Wacholder

D₄

56: Juníperus commúnis L.
Gemeiner Wacholder

● Nadeln bis 21 mm lang, 1–2 mm breit, oberseits schwach rinnig, scharf stachelspitzig und mit einem weissen Mittelband versehen (Abb. 63)

● Einzelne Quirle stehen weit voneinander (Abb. 62)

● Knospen deutlich erkennbar

Abb. 62
Juníperus com.
Gem. Wacholder

Abb. 63
Juníperus com.
Gem. Wacholder

D₄D₄

Abb. 64
Juníperus nána
Zwerg-Wacholder

Abb. 65
Juníperus nána
Zwerg-Wacholder

**57: Juníperus commúnis L. ssp. nana (Gray)
Juníperus nána Willd.**
Zwerg-Wacholder
(S. 234)

● Nadeln 4–8 mm lang, 1–2 mm breit, weicher als bei Juníperus commúnis, sichelförmig gekrümmt, plötzlich zugespitzt und mit einem dicken weissen Mittelband versehen (Abb. 65)

● Einzelne Quirle stehen nahe beieinander (Abb. 64)

● Knospen deutlich erkennbar

C₂C₂

Abb. 66
Juníperus sabína
Sefistrauch

Blätter schuppenförmig, kreuzweise gegenständig und dem Zweig anliegend oder nadelförmig, scharf zugespitzt und vom Zweig etwas abstehend (Abb. 66)

Richtig, siehe D₅ oder D₅D₅ (S. 35)

Falsch, zurück zu C₂ (S. 33)

D₅

Abb. 67
Juníperus sabína
Sefistrauch

58: Juníperus sabína L.
Sefistrauch
Sadebaum (S. 236)

● Schuppenförmige Blätter 1–3 mm lang, kreuzweise gegenständig dem Zweig anliegend, meist mit einer Drüse auf der Aussenseite, dachziegelförmig angeordnet und zugespitzt (Abb. 67)

● Nadelförmige Blätter lanzettlich, 4 mm lang, scharf zugespitzt und vom Zweig abstehend (Abb. 66: braune Nadelblätter)

● Zerriebene Nadeln stark unangenehm aromatisch riechend

Cupréssus L. – Zypresse

D₅D₅

Abb. 68
C. sempérvirens
Zypresse

Abb. 69
C. sempérvirens
Zypresse

35: **Cupréssus sempérvirens var. sempérvirens L.**
Zypresse (S. 190)

● Zweige 4-kantig, Borke rotbraun, dünn, längsrissig und faserig (Abb. 68)

● Blattquirle in der Regel 2-zählig; Blätter an jüngeren Zweigen schuppenartig und angepresst, später auseinanderrückend (Abb. 69)

● Zapfen 2–4 cm lang, rundlich-eiförmig und mit 8–10 Schildern

---

B₂B₂

Abb. 70
Thúja occidentális
Abendländischer Lebensbaum

● Zweige flachgedrückt

● Seitliche Schuppenblätter verschieden von den oberen und unteren

● Nur schuppenförmige Blätter (Abb. 70)

Richtig, siehe C₃ oder C₃C₃ (S. 36)

Falsch, zurück zu B₂ (S. 33)

Thúja – Lebensbaum

C₃

Abb. 71
Thúja occidentális
Abendländischer Lebensbaum

Abb. 72
Thúja occidentális
Abendländischer Lebensbaum

138: Thúja occidentális L.
Abendländischer Lebensbaum (S. 396)

● Oberseite der Blätter dunkelgrün, Unterseite blassgrün, aber ohne weissliche Zeichnung (Abb. 71)

● Flächenblätter mit einem Drüsenhöcker unter der Spitze; Kantenblätter mit freier Spitze und einwärts gekrümmt (Abb. 71)

● Zerriebene Blätter riechen unangenehm

● Zapfen 6–12 mm lang mit acht bis zehn sich ziegelartig deckenden, zur Reife aufklaffenden Schuppen; Keine Hörner an den Schuppen (Abb. 72)

C₃C₃

Abb. 73
Thúja orientális
Morgenländischer Lebensbaum

Abb. 74
Thúja orientális
Morgenländischer Lebensbaum

139: Thúja orientális L.
Morgenländischer Lebensbaum (S. 398)

● Blätter auf beiden Seiten gleichfarbig, schuppenförmig, gegenständig, dachziegelig angeordnet und dem Zweig angedrückt (Abb. 73)

● Zapfen eiförmig, bis 15 mm lang, fleischig, mit sechs Schuppen, welche auf dem Rücken je einen zurückgekrümmten Dorn aufweisen, vor der Reife bläulichweiss (Abb. 74) und im reifen Zustand verholzt und braun gefärbt

2.2. Laubhölzer
2.2.1. Knospen gegenständig oder zu mehreren quirlig angeordnet

A • Mit Blattstielen rankende Sträucher   Richtig, siehe B oder BB

• Zweige mehr oder weniger stark gefurcht   Falsch, siehe AA
und mit den am Stengel bleibenden Blattstielen eine Höhe von 1–6 m erreichend

Clématis L. – Waldrebe

B

Abb. 76
Clématis alpína
Alpenrebe

Abb. 75
Clématis alpína
Alpenrebe

25: Clématis alpína (L.) Mill.
Alpenrebe
(S. 170)

• Junge Zweige behaart und braun

• Knospen länglich-eiförmig und vorn zugespitzt

• Knospenschuppen hellbraun bis dunkelbraun mit braunschwarz bis schwarz gefärbten Rändern (Abb. 75, 76)

BB

Abb. 77
Clématis vitálba
Gem. Waldrebe

26: Clématis vitálba L.
Gemeine Waldrebe (S. 172)

• Junge Zweige krautig, rotviolett und im Schatten grün; ältere Zweige braun bis grau, vielkantig, verholzt, später in Längsfasern zerfallend und an den Knospen weiss bis gelblich behaart (Abb. 77)

• Knospen eiförmig und an der Spitze weichfilzig behaart

• Knospenschuppen braun oder braunrot bis rotviolett und ohne schwarze Ränder (Abb. 77)

AA Aufrechte Bäume und Sträucher mit   Richtig, siehe B_1 (S. 38)
überall gut sichtbaren Knospen   Falsch, zurück zu A

B₁

Abb. 78
Vibúrnum lantána
Wolliger
Schneeball

Abb. 79
Vibúrnum lantána
Wolliger
Schneeball

Knospen nackt, ohne Knospenschuppen (Abb. 78–81)

Richtig, siehe C

Falsch, siehe B₁B₁

Vibúrnum L. – Schneeball

C

Abb. 80
Vibúrnum lantána
Wolliger
Schneeball

Abb. 81
Vibúrnum lantána
Wolliger
Schneeball

148: Vibúrnum lantána L.
Wolliger Schneeball
(S. 416)

● Knospen nackt, bestehend aus gefalteten und filzig behaarten Blättern (Abb. 78–81)

● Blütenstände zwischen gefalteten Blättern gut erkennbar (Abb. 78)

● Blattnarben mit drei Blattspuren

B₁B₁

Abb. 82
Sambúcus nigra
Schwarzer
Holunder

Knospen halb offen, Knospenschuppen nur im unteren Teil ausgebildet

Richtig, siehe C₁ (S. 39)

Falsch, siehe B₁B₁B₁ (S. 39)

Sambúcus L. – Holunder

Abb. 83
Sambúcus nigra
Schwarzer
Holunder

Abb. 84
Sambúcus nigra
Schwarzer
Holunder

126: **Sambúcus nigra L.**
Schwarzer Holunder
(S. 372)
(Im Schlüssel auch bei
S. 49)

● Junge Zweige grün, später bräunlichgrau und lichtseits leicht gerötet, kahl, kantig und mit weissem Mark

● Knospen nur am Grunde von Schuppen locker umgeben und am Zweig anliegend oder abstehend (Abb. 83)

● Äussere Schuppen stumpf, graubraun, abstehend und innere Schuppen zerknittert, rotbraun gefärbt

● Einander gegenüberliegende Blattnarben seitlich durch eine Linie verbunden (Abb. 83, 84)

● Lentizellen gross, spindelförmig, warzig und dunkelocker

● Blattnarben mit drei Blattspuren

B_1B_1	Knospen geschlossen, also vollständig	Richtig, siehe C_2
B_1	von Knospenschuppen bedeckt	Falsch, zurück zu B_1 (S. 38)

C_2	Knospen mit 2–4 Schuppen umgeben	Richtig, siehe D
		Falsch, siehe C_2C_2 (S. 43)

D

Blattnarben seitlich weder verbunden noch sich berührend (Abb. 85) Blattspuren hufeisenförmig angeordnet (Abb. 86)

Richtig, siehe E (S. 40) oder EE (S. 40)

Falsch, siehe DD (S. 41)

Abb. 85
Fráxinus excélsior
Gem. Esche

Abb. 86
Fráxinus excélsior
Gem. Esche

Fráxinus L. – Esche

E

Abb. 87
Fráxinus excélsior
Gem. Esche

Abb. 88
Fráxinus excélsior
Gem. Esche

49: **Fráxinus excélsior L.**
Gemeine Esche (S. 218)

- Einjährige Zweige rundlich bis oval, glänzend grau oder grünlich mit spärlichen, hellocker bis grau gefärbten, spindelförmigen und längsgerichteten Lentizellen (Abb. 88)

- Seitenknospen halbkugelig und abstehend; Endknospen grösser als Seitenknospen und vorn spitz oder abgerundet

- Knospenschuppen kohlig mattschwarz (Abb. 85–88)

EE

Abb. 90
Fráxinus ornus
Manna-Esche

Abb. 89
Fráxinus ornus
Manna-Esche

50: **Fráxinus ornus L.**
Manna-Esche (S. 220)

- Einjährige Zweige olivgrün bis bräunlich graugrün, rundlich bis fast vierkantig mit zahlreichen, hellbräunlichen Lentizellen

- Seitenknospen kugelig und abstehend; Endknospen viel grösser als Seitenknospen und vorn meist zugespitzt (Abb. 89)

- Knospenschuppen silbergrau bis bräunlich (Abb. 89, 90)

DD

Gegenüberstehende Blattnarben seitlich durch eine Linie verbunden oder sich berührend (Abb. 91)
Blattspuren nicht hufeisenförmig angeordnet

Richtig, siehe E₁; E₁E₁, E₁E₁E₁ (S. 42) oder E₁E₁E₁E₁ (S. 43)

Falsch, zurück zu D (S. 39)

Abb. 91
Vibúrnum ópulus
Gemeiner Schneeball

E₁

Abb. 92
Vibúrnum ópulus
Gemeiner Schneeball

149: **Vibúrnum ópulus L.**
Gemeiner Schneeball (S. 418)

● Zweige anfangs ocker bis rot überlaufen (Abb. 92), schattenseits grünlichocker, später grau und meist hohl

● Knospen rot bis rotviolett, schattenseits auch grünlich und dem Zweig eng anliegend (Abb. 92) und kahl

● Endknospen sehr oft nicht vorhanden, sondern Zweig mit zwei Seitenknospen endend

● Blattnarben mit drei Blattspuren

Córnus L. – Hornstrauch

Abb. 93
Córnus más
Kornelkirsche

Abb. 94
Córnus más
Kornelkirsche

27: Córnus más L.
  Kornelkirsche, Tierlibaum (S. 174)

- Letztjährige Zweige neben Blatt (Abb. 93) – auch dicke Blütenknospen aufweisend (Abb. 94)

- Ältere Zweige von abgehobener Epidermis grau, sonst violettbraun, jüngere Zweige grünlich und an der Lichtseite violett überlaufen

- Blattknospen lanzettlich, spitz, zweischuppig, abstehend, bräunlich behaart, sitzend (Abb. 93)

- Blütenknospen gestielt, fast kugelig, grünlichgelb gefärbt und grösser als Blattknospen

- Endknospen die Seitenknospen an Grösse überragend

- Blattnarben mit drei kleinen Blattspuren

Abb. 95
Córnus sanguínea
Hartriegel

Abb. 96
Córnus sanguínea
Hartriegel

28: Córnus sanguínea L.
  Roter Hornstrauch
  Hartriegel (S. 176)

- Langtriebe auf der Lichtseite im Winter dunkelrot, auf der Schattenseite grüngelb aber immer mit roten Streifen oder Flecken (Abb. 96)

- Seitenknospen 3–4 mm lang, dem Stiel angedrückt, braunfilzig und schmal kegelförmig (Abb. 95)

- Endknospen 5 mm, die Seitenknospen an Grösse überragend

- Blattnarben mit drei Blattspuren

Staphyléa L. – Pimpernuss

E_1E_1
E_1E_1

Abb. 97
Staphyléa pinnáta
Pimpernuss

Abb. 98
Staphyléa pinnáta
Pimpernuss

135: **Staphyléa pinnáta L.**
Pimpernuss
(S. 390)

● Junge Zweige schattenseits grünlich (Abb. 97, 98) und später bräunlich mit hellgrünen Flecken; lichtseits rötlich oliv

● Knospen spitzeiförmig; Endknospen grösser als Seitenknospen; meist bleibt nur eine Knospe des endständigen Knospenpaares erhalten

● Knospenschuppen schattenseits grünlich, lichtseits rot überlaufen (Abb. 97, 98)

● Blattnarben mit fünf bis zehn halbrund angelegten Blattspuren

---

C_2C_2	Knospen mit mehr als 4 Schuppen umgeben	Richtig, siehe D_1 Falsch, zurück zu C_2 (S. 39)

D_1

Abb. 99
Rhámnus cathártica
Gemeiner Kreuzdorn

Zweigspitzen verdornt (Abb. 99)

Richtig, siehe E_2 (S. 44)

Falsch, siehe D_1D_1 (S. 44)

Rhámnus L. – Kreuzdorn

E₂

Abb. 100
Rhámnus catháttica
Gem. Kreuzdorn

Abb. 101
Rhámnus catháttica
Gem. Kreuzdorn

104: Rhámnus cathártica L.
Gemeiner Kreuzdorn
(S. 328)

- Knospen vielfach schief gegenständig, anliegend, länglich, spitz und violettbraun bis schwarzbraun (Abb. 100, 101)

- Knospenschuppen mit weissem Saum

- Zwischen den beiden Endknospen ein kurzer Dorn ausgebildet (Abb. 101)

- Blattnarben mit drei Blattspuren

D₁D₁ Zweigspitzen nicht verdornt

Richtig, siehe E₃
Falsch, zurück zu D₁ (S. 43)

E₃

Abb. 102
Acer pseudoplátanus
Berg-Ahorn

Gegenüberstehende Blattnarben durch eine Linie verbunden (Abb. 102) oder sich berührend

Richtig, siehe F

Falsch, siehe E₃E₃ (S. 51)

F

Abb. 103
Aésculus hippocástanum
Rosskastanie

Knospen mit stark klebrigem Überzug versehen und dunkelrotbraun gefärbt (Abb. 103)

Richtig, siehe G (S. 45)

Falsch, siehe FF (S. 45)

Aésculus L. – Rosskastanie

G

Abb. 104
Aésculus hippocástanum
Rosskastanie

Abb. 105
Aésculus hippocástanum
Rosskastanie

7: **Aésculus hippocástanum L.**
Rosskastanie
(S. 134)

● Zweige im 1. Jahr ockerbraun, später bräunlichgrau und matt glänzend

● Knospen gross, rotbraun, von Knospenleim stark klebrig, glänzend (Abb. 104, 105)

● Blattnarben gross, hellkorkfarbig und mit einem Bogen von 3–9 Blattspuren (Abb. 104)

FF	Knospen nicht mit klebrigem Knospenleim überzogen	Richtig, siehe G$_1$ Falsch, zurück zu F (S. 44)

G$_1$	Knospen am Zweig kreuzgegenständig angeordnet	Richtig, siehe H, HH (S. 46); HHH, HHHH (S. 47) oder HHHHH (S. 48)
		Falsch, siehe G$_1$G$_1$ (S. 48)

Acer L. – Ahorn

H

Abb. 106
Acer campéstre
Feld-Ahorn

Abb. 107
Acer campéstre
Feld-Ahorn

2: **Acer campéstre L.**
Feld-Ahorn (S. 124)

- Zweige an der Spitze behaart (Abb. 107), braun, oft mit Korkflügeln versehen und deutlich längsrissig (Abb. 106)

- Seitenknospen dem Zweig anliegend (Abb. 106) und bei Langtrieben oft schräg abstehend

- Knospenschuppen **dunkelbraun bis braunrot, mit je einem schwarzen Streifen quer durch die Mitte der Schuppen**, flaumig bewimpert und an der Spitze behaart (Abb. 106)

- Lentizellen längsgestreckt und hellbraun
- Blattnarben mit drei Blattspuren

HH

Abb. 108
Acer monspessulánum
Franz. Massholder

Abb. 109
Acer monspessulánum
Franz. Massholder

3: **Acer monspessulánum L.**
Französischer Massholder (S. 126)

- Einjährige Zweige hell- bis dunkelbraun und schwach längsrissig (Abb. 109)

- Seitenknospen dem Zweig eng anliegend und spitz-eiförmig (Abb. 108)

- Knospenschuppen **dunkelbraun mit schwarzen Flecken im oberen Teil**

- Lentizellen eiförmig, längsgerichtet und hellbraun bis mittelbraun

- Blattnarben mit drei Blattspuren

HH
H

Abb. 110
Acer ópalus
Schneeblättriger Ahorn

Abb. 111
Acer ópalus
Schneeblättriger Ahorn

4: Acer ópalus Mill.
Schneeblättriger Ahorn
(S. 128)

- Einjährige Zweige braungrün, längsrissig und kahl (Abb. 110)

- Knospen vom Zweig abstehend (Abb. 110)

- Knospenschuppen **hellbraun mit dunkelbraunen Rändern** (Abb. 110, 111)

- Lentizellen länglich-eiförmig, hellbraun und zahlreich

- Blattnarben mit drei Blattspuren

HH
HH

Abb. 112
Acer plantanoídes
Spitz-Ahorn

Abb. 113
Acer plantanoídes
Spitz-Ahorn

5: Acer plantanoídes L.
Spitz-Ahorn
(S. 130)

- Einjährige Triebe rötlichbraun, schattenseits braungrün und kahl (Abb. 112)

- Seitenknospen eiförmig, vorn zugespitzt und dem Zweig anliegend (Abb. 112)

- Knospenschuppen **weinrot**, schattenseits auch grünlich und mit hellem Wimpersaum (Abb. 112, 113)

- Lentizellen rundlich und zahlreich (Abb. 112, 113)

- Blattnarben mit drei Blattspuren

HH
HH
H

Abb. 114
Acer pseudoplátanus
Berg-Ahorn

Abb. 115
Acer pseudoplátanus
Berg-Ahorn

6: **Acer pseudoplátanus L.**
Berg-Ahorn
(S. 132)

● Einjährige Triebe bräunlichgelb bis grau, später dunkelocker bis dunkelbraun und kahl (Abb. 115)
● Seitenknospen spitz-eiförmig, vorn zugespitzt, kahl und vom Zweig etwas abstehend (Abb. 114)
● Knospenschuppen **gelbgrün, braun bis braunschwarz berandet** und an den Rändern schwach weisslich bewimpert (Abb. 115)

● Lentizellen länglich, in grosser Zahl vorhanden und stets heller als der Untergrund

● Blattnarben mit drei Blattspuren

G_1G_1 Knospen gegenständig angeordnet   Richtig, siehe H_1
Falsch, zurück zu G_1 (S. 45)

H_1

Abb. 116
Sambúcus nígra
Schwarzer
Holunder

Abb. 117
Sambúcus nígra
Schwarzer
Holunder

Endknospen hin und wieder verkümmert (Abb. 116), oder paarweise; seltener unpaarig ausgebildet (Abb. 117)

Richtig, siehe I (S. 49) oder II (S. 49)

Falsch, siehe H_1H_1 (S. 50)

Sambúcus L. – Holunder

I

Abb. 118
Sambúcus nígra
Schwarzer
Holunder

Abb. 119
Sambúcus nígra
Schwarzer
Holunder

126: **Sambúcus nigra L.**
Schwarzer Holunder
(S. 372)

- Junge Zweige grün, später bräunlichgrau und lichtseits leicht gerötet, kahl, kantig und mit weissem Mark

- Knospen nur am Grunde von Schuppen locker umgeben und am Zweig anliegend oder abstehend (Abb. 118)

- Äussere Schuppen stumpf, graubraun, abstehend; innere Schuppen zerknittert und rotbraun gefärbt

- Lentizellen gross, spindelförmig, warzig und dunkelocker (Abb. 119)

- Blattnarben mit drei Blattspuren

II

Abb. 120
Sambúcus racemósa
Roter Holunder

Abb. 121
Sambúcus racemósa
Roter Holunder

127: **Sambúcus racemósa L.**
Roter Holunder
(S. 374)

- Zweige mehr oder weniger achtkantig, olivgrün und rot überlaufen bis graubraun und mit zimtbraunem Mark gefüllt

- Blattknospen schmal, zugespitzt und abstehend (Abb. 120); an den Zweigenden kugelige Infloreszenzknospen (Abb. 121)

- Knospenschuppen im Herbst grün mit breitem, braunem Rand; später lichtseits rotviolett gefärbt

- Lentizellen oval, längs gerichtet, hellbraun und warzig (Abb. 120)

- Blattnarben mit fünf Blattspuren

H₁H₁

Abb. 122
Lonicéra xylósteum
Rote Heckenkirsche

Endknospen immer einzeln und diese die Seitenknospen überragend (Abb. 122)

Richtig, siehe I₁ oder I₁I₁, I₁I₁I₁ (S. 51)

Falsch, zurück zu H₁ (S. 48)

Lonicéra L. – Geissblatt, Heckenkirsche

I₁

Abb. 123
Lonicéra alpígena
Alpen-Heckenkirsche

Abb. 124
Lonicéra alpígena
Alpen-Heckenkirsche

65: **Lonicéra alpígena L.**
Alpen-Heckenkirsche
(S. 250)

- Zweige graubraun mit zahlreichen schwarzen Punkten (Abb. 124); Borke längsrissig und sich streifenweise ablösend

- Knospen eiförmig, zugespitzt und Seitenknospen vom Zweig abstehend (Abb. 123)

- Knospenschuppen hell bis dunkelbraun gefärbt und mit schwarzen Punkten oder schwarzem Rand versehen

- Blattnarben mit drei Blattspuren

I₁I₁

66: Lonicéra nigra L.
Schwarze
Heckenkirsche (S. 252)

● Junge Zweige seidig glänzend, ocker, lichtseits mit Kupferglanz (Abb. 126) später durch abblätternde Epidermis graustreifig

● Knospen spitz-eiförmig; Seitenknospen schräg abstehend (Abb. 125)

Abb. 125
Lonicéra nigra
Schwarze
Heckenkirsche

Abb. 126
Lonicéra nigra
Schwarze
Heckenkirsche

● Knospenschuppen braun, oft mit schwarzen Flecken versehen und durch abgehobene Epidermis oft hellgrau erscheinend (Abb. 126)

● Blattnarben mit fünf sehr kleinen Blattspuren

I₁I₁I₁

Abb. 127
Lonicéra xylósteum
Rote Heckenkirsche

Abb. 128
Lonicéra xylósteum
Rote Heckenkirsche

67: Lonicéra xylósteum L.
Rote Heckenkirsche (S. 254)

● Zweige schlank, graubraun und längsrissig; Markröhre infolge des baldigen Schwindens des Markes meist hohl

● Knospen lang, kegelförmig, spitz und fast rechtwinklig abstehend; anschliessend an die Hauptknospen meist noch kleinere Beiknospen vorhanden (Abb. 127)

● Knospenschuppen grau bis hellbraun mit weissen Randhaaren; äussere Schuppen meist pergamentartig trocken (Abb. 127, 128)

● Blattnarben mit drei Blattspuren

E_3E_3	Gegenüberstehende Blattnarben weder verbunden noch sich berührend	Richtig, siehe F_1 Falsch, zurück zu E_3 (S. 44)

F_1	Endknospen paarweise (Abb. 130, S. 52)	Richtig, siehe G_2 (S. 52) oder E_2 (S. 44 und 52) Falsch, siehe F_1F_1 (S. 52)

Syrínga L. – Flieder

G₂

Abb. 129
Syrínga vulgáris
Flieder

Abb. 130
Syrínga vulgáris
Flieder

136: **Syrínga vulgáris L.**
   Flieder (S. 392)

- Junge Zweige grau und schattenseits grünoliv
- Knospen eiförmig, spitz; Seitenknospen abstehend (Abb. 129)
- Knospenschuppen rundlich, leicht gekielt, olivgrün bis rötlich, dunkelbraun oder hellbraun berandet und teils zugespitzt (Abb. 129, 130)
- Blattnarben mit je einem breiten Blattspurenkomplex

Rhámnus L. – Kreuzdorn

E₂   104: **Rhámnus cathártica L.**
         Gemeiner Kreuzdorn (S. 44 im Bestimmungsschlüssel)

F₁F₁	Endknospen einzeln, an Grösse die Seitenknospen überlagernd	Richtig, siehe G₃ Falsch, zurück zu F₁ (S. 51)

G₃

Abb. 131
Forsýthia
x intermédia
Hybrid-Forsythie

Oberhalb der gegenständigen Seitenknospen noch meist zwei bis mehrere Beiknospen (Abb. 131)

Richtig, siehe H₂ (S. 53)

Falsch, siehe G₃G₃ (S. 53)

Forsýthia Vahl – Forsythie

H₂

Abb. 132
Forsýthia x intermédia
Hybrid-Forsythie

Abb. 133
*Forsýthia
x intermédia*
Hybrid-Forsythie

47: **Forsýthia x intermédia Zab.**
Hybrid-Forsythie
(S. 214)

● Zweige olivgrün und rotbraunoliv gefärbt, vierkantig und mit gefächertem Mark

● Knospen schmal, in der oberen Hälfte am breitesten und zugespitzt (Abb. 132, 133)

● Knospenschuppen vorn stumpf bis leicht zugespitzt, braun und mit schwarzen Rändern (Abb. 132, 133)

● Lentizellen eiförmig, hellbraun und nur vereinzelt auftretend

● Blattnarben mit je einer Blattspur

G_3G_3 Oberhalb der Seitenknospen keine Beiknospen vorhanden	Richtig, siehe H_3 oder H_3H_3 (S. 54) Falsch, zurück zu G_3 (S. 52)

Evónymus L. – Spindelstrauch

H₃

Abb. 135
Evónymus europaéus
Gem. Spindelstrauch

Abb. 134
Evónymus europaéus
Gem. Spindelstrauch

44: **Evónymus europaéus L.**
Gemeiner Spindelstrauch, Pfaffenhütchen

● Zweige grün, lichtseits oft rötlich bis rotschwarz überlaufen und mit Korkleisten versehen, die von den Seiten der Blattnarben herablaufen (Abb. 134)

● Knospen eiförmig, zugespitzt, anliegend oder leicht abstehend und gekielt (Abb. 134)

● Knospenschuppen grün, oft rötlich überlaufen, mit braunem Rand und mit der Spitze oft abstehend (Abb. 134, 135)

● Lentizellen meist fehlend

● Blattnarben mit zentral beieinander liegenden Blattspuren

Ligústrum L. – Liguster

H₃H₃

Abb. 136
Ligústrum vulgáre
Liguster (S. 246)

Abb. 137
Ligústrum vulgáre
Liguster

63: **Ligústrum vulgáre L.**
Liguster (S. 246)

- Zweige starr aufrecht, unbehaart, im ersten Jahr grauoliv und graubraun, später grau bis dunkelgraubraun und längsrissig; im Winter häufig noch Blätter tragend

- Knospen oft schief gegenständig angeordnet (Abb. 136), spitz-eiförmig, gekielt, kahl, anliegend

- Knospenschuppen meist zweifarbig; auf der einen Seite grün, auf der anderen Seite braunviolett und mit violettem Rand (Abb. 136)

- Lentizellen buckelig, länglich, zuerst hellocker, später grau und nicht sehr zahlreich

- Blattnarben mit je einer Blattspur

2.2.2. Knospen abwechselnd zweizeilig angeordnet

A Knospen mit zwei bis drei sichtbaren Knospenschuppen   Richtig, siehe B oder BB, BBB (S. 56)
Falsch, siehe AA (S. 56)

Castánea Mill. – Kastanie

B

Abb. 138
Castánea satíva
Edelkastanie

Abb. 139
Castánea satíva
Edelkastanie

22: **Castánea satíva Mill.** Edelkastanie (S. 164)

● Junge Triebe an ihren Enden kantig, dick, lichtseits rot- bis graubraun, schattenseits olivgrün und mehr oder weniger gerade

● Knospen gedrungen, spitz-eiförmig, sitzend, seitlich abstehend und mit zwei ungleich grossen Schuppen (Abb. 138)

● Knospenschuppen gelbbraun und braunrot, kurz behaart, anliegend und meist mit einem dunklen Rand (Abb. 138, 139)

● Lentizellen zahlreich, punktförmig und weiss bis hellbraun gefärbt (Abb. 138)

● Blattnarben mit zahlreichen Blattspuren (Abb. 138)

Tília L. – Linde

BB

Abb. 140
Tília cordáta
Winter-Linde

Abb. 141
Tília cordáta
Winter-Linde

140: Tília cordáta Mill.
Winter-Linde
(S. 400)

● Zweige kahl, hellbraun bis rotbraun oder olivgrün bis rötlich; oft auch nur einseitig gerötet (Abb. 140)

● Knospen dickeiförmig, meist stumpflich, deutlich abstehend und oft nur zwei Schuppen sichtbar; die eine reicht bis über die Mitte, die zweite bedeckt die Knospenspitze kapuzenförmig (Abb. 140)

● Knospenschuppen olivgrün, aber auch purpurrot (Abb. 140)

● Lentizellen rund bis linsenförmig, schwarz und nur in geringer Zahl vorhanden (Abb. 140)

● Blattnarben mit drei, vier oder fünf Blattspuren

BBB

Abb. 142
Tília platyphýllos
Sommer-Linde

Abb. 143
Tília platyphýllos
Sommer-Linde

141: Tília platyphýllos Scop.
Sommer-Linde (S. 402)

● Junge Triebe olivgrün und lichtseits rotviolett (Abb. 142)

● Knospen etwas zusammengedrückt, länglich-eiförmig, spitz, abstehend und mit meist drei Schuppen; dabei erreicht die unterste die Mitte der Knospe nicht, die innere umhüllt die Knospe vollständig (Abbb. 142, 143)

● Knospenschuppen ungleich gross, lichtseits glänzend rot und schattenseits grün (Abb. 142, 143)

● Lentizellen spindelförmig, hellbraun (Abb. 142, 143), später besonders auf der Schattseite graubraun

● Blattnarben mit meist vier ungleichen Blattspuren

| AA | Knospen mit vier bis vielen sichtbaren Knospenschuppen | Richtig, siehe B₁
Falsch, zurück zu A (S. 55) |

B₁ Seitenknospen anliegend   Richtig, siehe C oder CC
                                     Falsch, siehe B₁B₁ (S. 58)

Cárpinus L. – Hainbuche

C

Abb. 144
Cárpinus bétulus
Weissbuche

Abb. 145
Cárpinus bétulus
Weissbuche

21: **Cárpinus bétulus L.**
Weissbuche
Gem. Hainbuche
(S. 162)

● Junge Zweige olivgrün bis braun und behaart, ältere Zweige grau oder schwarzbraun (Abb. 144) mit nach einwärts gekrümmten Knospen

● Knospen streng zweizeilig, spitz kegelförmig und Seitenknospen anliegend; Knospen der männlichen Kätzchen grösser, mehr abstehend und nur seitenständig

● Knospenschuppen hellbraun bis dunkelbraun mit oft schwarzen Rändern, zottig bewimpert und gegen die Spitze zu behaart (Abb. 144)

● Lentizellen bei jungen Zweigen länglich bis punktförmig und hellgrau bis weiss (Abb. 145)

● Blattnarben mit drei Blattspuren

Céltis L. – Zürgelbaum

CC

Abb. 146
Céltis austrális
Südl. Zürgelbaum

Abb. 147
Céltis austrális
Südl. Zürgelbaum

23: **Céltis austrális L.**
Südlicher Zürgelbaum
(S. 166)

● Junge Zweige schattenseits oliv, lichtseits dunkelrotbraun und ringsum behaart (Abb. 146)

● Seitenknospen stets einzeln und anliegend (Abb. 146); Endknospe meist auswärts gekrümmt (Abb. 147)

● Knospenschuppen rotbraun und behaart (Abb. 147)

● Lentizellen weiss bis hellbraun (Abb. 146, 147)

● Blattnarben mit drei Blattspuren

| B₁B₁ Seitenknospen abstehend | Richtig, siehe C₁ |
| | Falsch, zurück zu B₁ (S. 57) |

C₁

Knospen sehr lang, spindelförmig, lang zugespitzt und deutlich abstehend

Richtig, siehe D

Falsch, siehe C₁C₁ (S. 59)

Abb. 148
Fágus sylvática
Rotbuche

Fágus L. – Buche

D

Abb. 149
Fágus sylvática
Rotbuche

Abb. 150
Fágus sylvática
Rotbuche

45: Fágus sylvática L.
Rotbuche

● Junge Zweige mehr oder weniger stark behaart, lichtseits rotbraun, schattenseits olivbraun; ältere Zweige graubraun bis grau

● Laubknospen lang, spindelförmig, allmählich zugespitzt (Abb. 149, 150); Blütenknospen etwas dicker, weissglänzend und gerade über den Blattnarben stehend

● Knospenschuppen gelblichbraun, oft mit schwarzen Rändern (Abb. 149), zugespitzt, einander spiralig überdeckend und mit behaarten Spitzen

● Lentizellen zuerst strichförmig, später etwas runder und kaum heller als die Unterlage (Abb. 149)

● Blattnarben mit vier oder mehr undeutlichen Blattspuren

C_1C_1 Knospen eiförmig, eikegelförmig oder kugelig — Richtig, siehe D_1
Falsch, zurück zu C_1 (S. 58)

D_1

Abb. 151
Córylus avellána
Haselstrauch

Knospen vorn abgerundet; (Abb. 151, 152) diejenigen an der Triebbasis hin und wieder etwas zugespitzt — Richtig, siehe E oder EE (S. 60)

Falsch, siehe D_1D_1 (S. 60)

Córylus L. – Haselstrauch

E

Abb. 152
Córylus avellána
Haselstrauch

Abb. 153
Córylus avellána
Haselstrauch

30: **Córylus avellána L.**
Haselstrauch
(S. 180)

● Junge Triebe drüsig behaart (Abb. 152), lichtseits braunocker, schattenseits olivbraun mit zweizeilig angeordneten Knospen; an kräftigen Langtrieben Knospen hin und wieder spiralig angeordnet

● Knospen an der Triebbasis hin und wieder etwas zugespitzt, die Mehrzahl ist aber vorn abgerundet; Knospen eiförmig, seitlich zusammengedrückt und abstehend; Blütenknospen im Frühjahr mit roten Narbenbüscheln (Abb. 153)

● Schuppen lichtseits rot (Abb. 153), schattenseits grün mit weissen Wimperhaaren an den Rändern (Abb. 152)

● Lentizellen länglich bis rundlich, hellbraun und später dunkelbraun (Abb. 153)

● Blattnarben mit drei Blattspuren

EE

Abb. 154
Córylus colúrna
Baum-Hasel

Abb. 155
Córylus colúrna
Baum-Hasel

31: Córylus colúrna L.
Baum-Hasel
(S. 182)

● Junge Zweige hellocker bis grauocker und an den Spitzen wollig behaart

● Seitenknospen eiförmig und abstehend (Abb. 154)

● Knospenschuppen im Herbst grün und dunkelbraun, schwarz berandet und weisslich behaart, später dunkelbraun mit schwarzen Rädern

● Blattnarben mit je einer grossen medianen und zwei kleinen lateralen Blattspuren

---

$D_1 D_1$

Abb. 156
Ulmus glábra
Berg-Ulme

Blattknospen vorn zugespitzt (Abb. 156)

Richtig, siehe E_1

Falsch, zurück zu D_1 (S. 59)

E_1 Knospen gerade über der Blattnarbe

Richtig, siehe F (S. 61)
Falsch, siehe $E_1 E_1$ (S. 61)

Óstrya Scop. – Hopfenbuche

F

Abb. 157
Óstrya carpinifólia
Hopfenbuche

Abb. 158
Óstrya carpinifólia
Hopfenbuche

71: **Óstrya carpinifólia Scop.**
Hopfenbuche
(S. 262)

● Junge Zweige wollig gelb behaart, lichtseits rotbraun, schattenseits olivbraun; ältere Zweige schokoladebraun und unbehaart

● Knospen eiförmig bis spitzkegelig, lang, kahl und abstehend (Abb. 157, 158)

● Schuppen im Frühherbst grün mit dunklen Rändern (Abb. 157, 158); später hell- bis dunkelbraun oder rotbraun, anliegend bis leicht abstehend und weisslich behaart

● Lentizellen weiss bis hellbraun, rundlich bis oval und sehr zahlreich (Abb. 157, 158)

● Blattnarben mit je einer Blattspur

E_1E_1

Abb. 159
Ulmus glábra
Berg-Ulme

Knospen schief über der Blattnarbe (Abb. 159)

Richtig, siehe F_1 oder F_1F_1 (S. 62)

Falsch, zurück zu E_1 (S. 60)

Ulmus L. – Ulme

Abb. 160
Ulmus carpinifólia
Feld-Ulme

Abb. 161
Ulmus carpinifólia
Feld-Ulme

143: **Ulmus carpinifólia Gled.**
Feld-Ulme
Feld-Rüster
(S. 406)

● Junge Zweige rauh, an der Spitze schwach behaart, ältere meist kahl, zuweilen mit Korkleisten, rotgelb bis rotbraun und schattenseits oliv

● Blattknospen eikegelförmig, spitz abstehend, braunschwarz und höchstens spärlich behaart; Blütenknospen fast kugelig

● Schuppen rotbraun bis braunschwarz

● Lentizellen hellbraun, warzig

● Blattnarben mit drei Blattspuren

Abb. 162
Ulmus scábra
Berg-Ulme

Abb. 163
Ulmus scábra
Berg-Ulme

144: **Ulmus scábra Mill.**
Berg-Ulme
(S. 408)

● Junge Zweige olivgrün oder rotbraun, fein behaart und dicker als bei Ulmus carpinifólia (Abb. 162, 163)

● Blattknospen dick, kegelförmig, abstehend und meist spitz (Abb. 162, 163), Blütenknospen rund und kaffeebraun

● Schuppen dunkelbraun, oft schwarz mit braunschwarzem Schuppenrand

● Lentizellen rundlich bis spindelförmig, buckelig und hellocker oder braun

● Blattnarben mit drei Blattspuren

2.2.3. Knospen spiralig angeordnet

A Zweige mit Dornen oder Stacheln besetzt
Richtig, siehe B
Falsch, siehe AA (S. 68)

B  Knospe unter der Blattnarbe verborgen, daher kaum sichtbar (Abb. 164)

Richtig, siehe C

Falsch, siehe BB

Abb. 164
Robínia pseudoacácia
Falsche Akazie

Robínia L. – Robinie

C

Abb. 166
Robínia pseudoacácia
Falsche Akazie

Abb. 165
Robínia pseudoacácia
Falsche Akazie

110: **Robínia pseudoacácia L.** Falsche Akazie (S. 340)

● Einjährige Zweige grün bis rotbraun mit dunkelbraunen bis schwarzen Flächen, oft mit kantigen Leisten, meist mit zwei Nebenblatt-Dornen unterhalb der Blattnarbe und unbehaart

● Knospen nicht sichtbar, unter der Narbe verborgen (Abb. 164–166)

● Lentizellen zahlreich, anfänglich rötlich, später warzig grau

---

BB Knospen deutlich sichtbar
Richtig, siehe C_1 (S. 64)
Falsch, zurück zu B

C₁  Knospen nur von den Resten der Blattstielbasen umhüllt und in der Achsel meist eines ein- bis dreifachen Dornes liegend (Abb. 167) — Richtig, siehe D

Falsch, siehe C₁C₁

Abb. 167
Bérberis vulgáris
Berberitze

Bérberis L. – Berberitze

D

13: Bérberis vulgáris L.
Berberitze, Sauerdorn (S. 146)

● Einjährige Zweige hellbraun, später grau; Langtriebe schlank, an der Basis reich bedornt und kantig

● Knospen eikugelig bis eckig, abstehend, stumpf, hellbraun und von den Resten der Blattstielbasen umhüllt; Knospen stehen in den Achseln von ein bis dreifachen Dornen (Abb. 167, 169)

Abb. 168
Bérberis vulgáris
Berberitze

Abb. 169
Bérberis vulgáris
Berberitze

● Lentizellen dunkelbraun bis schwarz und meist punktförmig (Abb. 168)

C₁C₁ Knospen normal beschuppt — Richtig, siehe D₁
Falsch, zurück zu C₁

D₁  Zweige dornspitzig und mit Seitendornen (Abb. 170) — Richtig, siehe E, EE (S. 65) oder EEE (S. 66)

Falsch, siehe D₁D₁ (S. 66)

Abb. 170
Hippóphaë rhamnoídes
Sanddorn

Hippóphaë L. – Sanddorn

E

Abb. 171
Hippóphaë rhamnoídes
Sanddorn

Abb. 172
Hippóphaë rhamnoídes
Sanddorn

53: **Hippóphaë rhamnoídes L.**
Sanddorn
(S. 226)

● Zweige dick, dunkelrotbraun bis grau, mit bronzeglänzenden sternartigen Schuppen besetzt (Abb. 170); Endtriebe jeweils in einem Dorn endend und von blütentragenden Seitentrieben überragt; Seitentriebe dornspitzig (Abb. 172) und zuweilen mit kurzen Seitendornen

● Endknospen in Dornen umgebildet; bei männlichen Pflanzen Seitenknospen kugelig, goldig oder kupferfarben und zwei- bis mehrköpfig (Abb. 171); weibliche Knospen schlanker

● Lentizellen nicht vorhanden

Crataégus L. – Weissdorn

EE

Abb. 173
Crataégus monógyna
Eingriffliger Weissdorn

Abb. 174
Crataégus monógyna
Eingriffliger Weissdorn

33: **Crataégus monógyna Jacq.**
Eingriffliger Weissdorn
(S. 186)

● Einjährige Zweige hellbraun bis grau, glatt und stets stark bedornt; ältere Zweige rotbraun bis grau

● Knospen klein und eikugelig bis eckig

● Knospenschuppen braun und mit leicht abfallenden Wimperhaaren

● Lentizellen spärlich und klein

EEE

Abb. 175
Crataégus oxyacantha
Zweigriffliger Weissdorn

Abb. 176
Crataégus oxyacantha
Zweigriffliger Weissdorn

34: Crataégus oxyacantha L.
Zweigriffliger Weissdorn
(S. 188)

- Einjährige Zweige hellbraun oder rotbraun, schattenseits olivgrün, oft rötlich überlaufen; ältere Zweige grau, ihre Seitentriebe enden mit Knospen, meist aber mit Dornen (Abb. 176)

- Knospen klein und eiförmig bis eckig

- Knospenschuppen glänzend braunrot und meist dunkelbraun bis schwarz berandet (Abb. 175)

D_1D_1 Seitentriebe dornspitzig, Zweige sonst dornlos

Richtig, siehe E_1 oder E_1E_1 (S. 67)
Falsch, siehe $D_1D_1D_1$ (S. 67)

Prúnus L. – Steinobstbäume/Sträucher

E_1

Abb. 177
Prúnus spinósa
Schwarzdorn

Abb. 178
Prúnus spinósa
Schwarzdorn

94: Prúnus spinósa L.
Schwarzdorn
(S. 308)

- Junge Zweige lichtseits rotviolett, schattenseits olivbraun; ältere Zweige grau bis russig-schwärzlich mit beinahe rechtwinklig abstehenden Seitenzweigen, die dornig enden (Abb. 177)

- Laubknospen halbkugelig bis kugelig, klein und im Spätwinter oft von 2 Blütenknospen flankiert (Abb. 177); oft sind die Blütenknospen an Kurztrieben gehäuft

- Schuppen rotbraun bis hellbraun, kurz und hellbraun bewimpert und oft dunkelbraun berandet (Abb. 178)

- Lentizellen spärlich, rundlich und grau bis ocker

Ribes L. – Stachelbeere

E₁E₁

Abb. 179
Ribes uva-críspa
Stachelbeere

Abb. 180
Ribes uva-críspa
Stachelbeere

109: **Ribes uva-críspa L.**
Stachelbeere
(S. 338)

● Zweige auffallend hell berindet und mit zahlreichen, einfach bis dreiteiligen, seltener fünfteiligen Stacheln versehen

● Knospen länglich-eiförmig, vorn zugespitzt, schief abstehend und nicht von Resten der Blattbasis umgeben

● Knospenschuppen rosarot bis bräunlich und mit Haaren besetzt

● Lentizellen fehlen

D₁D₁
D₁
Stengel mit derben und gekrümmten Stacheln (Abb. 181) oder Schösslinge mit Stachelborsten oder nicht hakigen Stacheln (Abb. 183)

Richtig, siehe E₂ oder E₂E₂ (S. 68)
Falsch, zurück zu D₁ (S. 64)

Rúbus L. – Brombeere, Himbeere

E₂

Abb. 181
Rúbus fruticósus
Echte Brombeere

Abb. 182
Rúbus fruticósus
Echte Brombeere

111: **Rúbus fruticósus L.**
Echte Brombeere
(S. 342)

● Stengel zwei- bis mehrjährig, meist bogig überhängend, im Herbst an der Spitze oft einwurzelnd, grün oder lichtseits dunkelrot bis violett, mit gekrümmten Stacheln versehen und verholzt (Abb. 182)

● Knospen lang, spitz und von behaarten Schuppen lose umhüllt (Abb. 181, 182)

● Knospenschuppen grau bis braun und weisslich behaart

E₂E₂

Abb. 183
Rúbus idaéus
Himbeere

Abb. 184
Rúbus idaéus
Himbeere

112: Rúbus idaéus L.
Himbeere
(S. 344)

● Stengel zwei- bis mehrjährig, aufrecht, zuletzt überhängend, mit kleinen geraden Stacheln oder stacheligen Höckern versehen, bis im Winter des 1. Jahres grün, im 2. Jahr verholzt und Früchte tragend

● Knospen lang, spitz und auf stark vorspringenden Blattkissen sitzend (Abb. 183)

● Knospenschuppen hell- bis dunkelbraun (Abb. 184)

AA Zweige ohne Dornen oder Stacheln, also unbewehrt	Richtig, siehe B₁ Falsch, zurück zu A (S. 63)

B₁ Knospen nackt, ohne Knospenschuppen; Knospen bestehen aus zusammengefalteten und filzig behaarten Blättern	Richtig, siehe C₂ Falsch, siehe B₁B₁ (S. 69)

Frángula Mill. – Faulbaum

C₂

Abb. 185
Frángula álnus
Faulbaum

Abb. 186
Frángula álnus
Faulbaum

48: Frángula álnus Mill. Rhámnus frángula L.
Faulbaum
(S. 216)

● Junge Zweige an der Sonnenseite rötlichbraun überlaufen, schattenseits olivbraun, später allseitig grau

● Knospen klein, kegelförmig, anliegend, zimtbraun behaart; Endknospen wollig behaart und kaum grösser als die Seitenknospen (Abb. 185); hin und wieder fehlen sie

● Lentizellen zahlreich, länglich bis oval und weisslich bis hellbraun (Abb. 186)

B_1B_1	Knospen halb offen; zwischen den zwei abstehenden braunroten Schuppen schauen die graufilzigen Blätter hervor (Abb. 187, 188)	Richtig, siehe C_3 Falsch, siehe $B_1B_1B_1$

Cotoneáster Med. – Steinmispel

C_3

Abb. 187
C. integérrimus
Gewöhnliche
Steinmispel

Abb. 188
C. integérrimus
Gewöhnliche
Steinmispel

32: Cotoneáster integérrimus Med. Gewöhnliche Steinmispel (S. 184)

● Zweige im 1. Jahr an der Spitze grau-wollig behaart, später durch abblätternde Epidermis fleckenweise hellgrau glänzend; Kurztriebe unter einem spitzen Winkel abstehend

● Knospen leicht geöffnet und von zwei etwas abstehenden Schuppen flankiert (Abb. 187, 188)

● Zwei äussere Schuppen braunrot

● An älteren Zweigen sehr grosse, längliche bis rundliche und warzige Lentizellen (Abb. 188)

B_1B_1 B_1	Knospen von Knospenschuppen vollständig umschlossen	Richtig, siehe C_4 Falsch, zurück zu B_1 (S. 68)
C_4	Knospen von nur einer äusserlich sichtbaren Knospenschuppe umhüllt	Richtig, siehe D_2 Falsch, siehe C_4C_4 (S. 77)

D_2

Abb. 189
Plátanus acerifolia
Platane

Abb. 190
Plátanus acerifolia
Platane

● Knospe bis zum Laubfall von Blattstielbasis umgeben (Abb. 189) — Richtig, siehe E_3 (S. 70)

● Spätere Blattnarbe hufeisenförmig mit mindestens fünf Ausbuchtungen und zahlreichen Blattspuren — Falsch, siehe D_2D_2 (S. 70)

● Narbe in schmalen, den Stengel umfassenden Saum übergehend

Plátanus L. – Platane

E₃

Abb. 191
Plátanus acerifolia
Platane

Abb. 192
Plátanus acerifolia
Platane

78: **Plátanus acerifolia (Ait.) Willd.**
Gewöhnliche Platane
(S. 276)

● Junge Triebe schattenseits oliv; sonnenseits rotbraun und später grau und braun

● Knospen kreiselförmig, längsgefurcht und sich innerhalb der trichterförmigen Blattstielbasis entwickelnd (Abb. 189, S. 69)

● Knospe allseits von einer haubenförmigen Schuppe umschlossen; diese schattenseits grün-, sonnenseits braunrot gefärbt (Abb. 191, 192)

● Lentizellen zahlreich, knopfförmig und hellocker bis braunrot

---

D₂D₂

Abb. 193
Sálix glábra
Kahle Weide

Blattnarbe nicht hufeisenförmig ausgebildet und jeweils nicht zahlreiche Blattspuren vorhanden (Abb. 193)

Richtig, siehe E₄ (S. 71)

Falsch, zurück zu D₂ (S. 69)

E₄  Niederliegende Spaliersträucher mit Ästen, die sich auf dem Boden ausbreiten und Wurzeln treiben (Abb. 194)   Richtig, siehe F oder FF

Falsch, siehe E₄E₄ (S. 72)

Abb. 194
Sálix retúsa L.
Netz-Weide

F

Abb. 195
S. reticuláta
Netz-Weide

Abb. 196
S. reticuláta
Netz-Weide

124: Sálix reticuláta L.
Netz-Weide
(S. 368)

● Kriechende oder doch sehr niedrige Spaliersträucher der alpinen Stufe

● Zweige und jüngste Triebe dem Boden anliegend und überall Wurzeln treibend oder in den Boden einwachsend; gelbbraun und kahl

● Knospen verkehrteiförmig

● Knospenschuppen lichtseits hell- bis dunkelbraun, dem Boden zugekehrte Seite grün; allseitig kahl oder spärlich seidig behaart

---

FF

Abb. 197
S. retúsa
Stumpfblättrige
Weide

Abb. 198
S. retúsa
Stumpfblättrige
Weide

125: Sálix retúsa L.
Stumpfblättrige
Weide (S. 370)

● Niederliegende Spaliersträucher der alpinen Stufe

● Zweige dem Boden anliegend, unterseits Wurzeln treibend, braun, kahl, leicht abbrechbar; ältere Zweige mit in Flocken sich ablösender weisser Haut

● Junge Zweige grün, lichtseits rötlichbraun

● Knospen eiförmig

● Knospenschuppen lichtseits rotbraun, dem Boden zugedrehte Seite grün und allseitig kahl

| E₄E₄ | 0,5–1,5 m hoch werdende Sträucher der montanen und subalpinen Stufe; selten alpin | Richtig, siehe F₁ Falsch, siehe E₄E₄E₄ (S. 74) |

| F₁ | Junge Zweige und Knospen fein behaart | Richtig, siehe G oder GG Falsch, siehe F₁F₁ (S. 73) |

G

Abb. 199
S. arbúscula
Bäumchen-W.

Abb. 200
S. arbúscula
Bäumchen-W.

115: Sálix arbúscula ssp. foetida (Schl.) Br.-Bl.
Bäumchen-Weide
(S. 350)

● 0,5 bis 1 m hoher Strauch in der subalpinen und alpinen Stufe

● Junge Zweige lichtseits rötlich, schattenseits grünlich und allseitig flaumig behaart

● Knospen länglich-eiförmig und vorn meist abgerundet (Abb. 199)

● Knospenschuppen lichtseits rotbraun, schattenseits grünlich; mit der Zeit aber allseitig rotbraun werdend (Abb. 200)

GG

Abb. 201
S. hastáta
Spiessblättrige W.

Abb. 202
S. hastáta
Spiessblättrige W.

122: Sálix hastáta L.
Spiessblättrige Weide
(S. 364)

● Niederliegender Strauch mit bogig aufwärts gerichteten Zweigen der montanen und subalpinen Stufe; erreicht eine Höhe von 0,5–1,5 m

● Zweige hell- bis dunkelrotbraun; jüngste Zweige oft mehr oder weniger stark behaart

● Knospen eiförmig und vorn zugespitzt (Abb. 201)

● Knospenschuppen rötlich bis kastanienbraun (Abb. 202) und gegen die Spitze zu zerstreut zottig behaart

F₁F₁  Junge Zweige und Knospen kahl (Abb. 203)

Richtig, siehe G₁ oder G₁G₁ (S. 72)

Falsch, zurück zu F₁ (S. 72)

Abb. 203
S. glábra
Kahle Weide

G₁

Abb. 204
S. caésia
Blaugrüne W.

Abb. 205
S. caésia
Blaugrüne W.

117: Sálix caésia Vill.
Blaugrüne Weide
(S. 354)

● 0,3–1,5 m hoher, mehr oder weniger niedergestreckter Kleinstrauch in der subalpinen Stufe

● Junge Zweige kahl, lichtseits braun und schattenseits grün (Abb. 204)

● Knospen eiförmig und vorn leicht zugespitzt oder abgerandet (Abb. 204, 205)

● Knospenschuppen rötlich bis braunrot

G₁G₁

Abb. 206
S. glabra
Kahle Weide

Abb. 207
S. glabra
Kahle Weide

121: Sálix glabra Scop.
Kahle Weide
(S. 362)

● Niederliegender Strauch (0,5–1,5 m) mit bogig aufwärts gerichteten Zweigen in der montanen und subalpinen Stufe

● Auch jüngste Triebe vollständig kahl, lichtseits kastanienbraun und schattenseits grünlich

● Knospen länglich, mit deutlich hervortretenden Mittelrippen und vorn meist abgerundet (Abb. 206)

● Knospenschuppen hellrot bis dunkelbraun (Abb. 207)

E₄E₄ E₄   1,5–20 m hohe Bäume und Sträucher ohne lang herunterhängende Zweige

Richtig, siehe F₂
Falsch, siehe E₄E₄E₄E₄ (S. 77)

F₂

Abb. 208
S. álba
Silber-Weide

Abb. 209
S. cinérea
Aschgraue Weide

Knospenschuppen deutlich seidig behaart (Abb. 208), graufilzig (Abb. 209) oder flaumig

Richtig, siehe G₂, G₂G₂, (S. 75) oder G₂G₂G₂ (S. 76)

Falsch, siehe F₂F₂ (S. 76)

74

Abb. 210
S. álba
Silber-Weide

Abb. 211
S. álba
Silber-Weide

114: Sálix álba L.
Silber-Weide
(S. 348)

● Hoher Strauch oder über 20 m hoher Baum in der kollinen-, seltener der montanen Stufe

● Junge Zweige gelbbraun und seidig behaart (Abb. 210); ältere Zweige meist kahl, glänzend und bei älteren Bäumen oft überhängend

● Knospen länglich und vorn zugespitzt

● Knospenschuppen rotbraun bis dunkelbraun und dicht anliegend silbrig behaart (Abb. 211)

Abb. 212
S. cinérea
Aschgraue Weide

Abb. 213
S. cinérea
Aschgraue Weide

119: Sálix cinérea L.
Aschgraue Weide
(S. 358)

● Bis 6 m hoher Strauch mit typisch abgeflachtem Umriss in der kollinen und montanen Stufe

● 1–2jährige Zweige kraus behaart (Abb. 212)

● Im frischen Zustand weisen 2–4jährige Zweige 1–2 cm lange und 0,2–0,5 mm hohe Längsrippen auf (Rinde abheben!)

● Knospen mit hellbraun durchschimmerndem Untergrund, etwas abgeflacht und vorn zugespitzt

● Knospenschuppen dicht graufilzig behaart (Abb. 213)

G_2G_2
G_2

120: Sálix elaeágnos Scop.
Lavendel-Weide
(S. 360)

● Bis 6 m hoher Strauch, seltener bis 16 m hoher Baum mit aufrechten Ästen und rot- oder dunkelbraunen Zweigen in der kollinen, montanen, seltener subalpinen Stufe

Abb. 214
S. elaeágnos
Lavendel-Weide

Abb. 215
S. elaeágnos
Lavendel-Weide

● Jüngste Triebe kantig und zerstreut hell behaart

● Knospen flach, länglich und vorn abgerundet (Abb. 214)

● Knospenschuppen im Herbst noch grün und rot überlaufen, später graubraun bis rotbraun und allseitig weisslich behaart (Abb. 215)

F_2F_2 Knospenschuppen kahl oder nur anfangs sehr kurz behaart

Richtig, siehe G_3 oder G_3G_3 (S. 77)
Falsch, zurück zu F_2 (S. 74)

G_3

118: Sálix cáprea L.
Sal-Weide
(S. 356)

● Hoher Strauch oder bis 9 m grosser Baum in der kollinen, montanen und subalpinen Stufe

● Holz der 2–4 jährigen Zweige ohne Längsrippen (Rinde abheben!)

Abb. 216
S. cáprea
Sal-Weide

Abb. 217
S. cáprea
Sal-Weide

● Junge Zweige anfangs kurz weiss behaart, lichtseits dunkelrotbraun und schattenseits oliv (Abb. 216)

● Knospen spitz-eiförmig und rotbraun bis gelbbraun

● Knospenschuppen anfangs spärlich behaart, später kahl (Abb. 217)

G₃G₃

Abb. 218
S. purpúrea
Purpur-Weide

Abb. 219
S. purpúrea
Purpur-Weide

123: Sálix purpúrea L.
Purpur-Weide
(S. 366)

● Bis 6 m hoher Strauch in der kollinen, montanen und subalpinen Stufe

● Zweige dünn, biegsam, zäh, lichtseits rotbraun und schattenseits gelblich; jüngste Triebe zuweilen dünn behaart

● Knospen länglich und vorn zugespitzt (Abb. 218)

● Knospenschuppen gelb, rot bis rotviolett (Abb. 219)

E₄E₄ Bis 10 m hoher Baum mit langen, | Richtig, siehe F₃
E₄E₄ dünnen und peitschenartig | Falsch, zurück zu E₄ (S. 71)
hängenden Zweigen

F₃

Abb. 220
S. babylónica
Hänge-Weide

Abb. 221
S. babylónica
Hänge-Weide

116: Sálix babylónica L.
Hänge-Weide
(S. 352)

● Zweige lang, dünn, bräunlich, oliv bis gelb, kahl, hängend und nur die Spitzen der jungen Triebe kurz und fein behaart

● Knospen halb-eiförmig, abgeflacht, dem Zweig eng anliegend und vorn zugespitzt (Abb. 220)

● Knospenschuppen gelblich bis bräunlich (Abb. 221)

C₄C₄ Knospen von zwei bis drei | Richtig, siehe D₃ (S. 78)
Knospenschuppen umhüllt | Falsch, siehe C₄C₄C₄ (S. 81)

D₃

Abb. 222
Alnus glutinósa
Schwarz-Erle

Knospen deutlich gestielt
(Abb. 222)

Richtig,
siehe E₅
oder
E₅E₅
(S. 79)

Falsch,
siehe
D₃D₃
(S. 79)

Alnus Mill. – Erle

E₅

Abb. 223
Alnus glutinósa
Schwarz-Erle

Abb. 224
Alnus glutinósa
Schwarz-Erle

8: **Alnus glutinósa (L.) Gaertn.**
Schwarz-Erle
(S. 136)

● Junge Zweige nur an der Spitze leicht behaart, lichtseits zimtbraun bis rötlich, schattenseits grünlichbraun; ältere Zweige grau und dreikantig erscheinend

● Knospen verkehrt-eiförmig, meist vorn abgerundet, lang ausgezogen; Seitenknospen gestielt und abstehend; Endknospen, wenn vorhanden, meist ungestielt (Abb. 223, 224)

● Knospen von drei Schuppen umgeben; dabei sind nur deren zwei sichtbar

● Die beiden sichtbaren Schuppen braunviolett, durch Wachsüberzug bräunlichweiss bereift und meist klebrig

● Lentizellen länglich, gelblich bis grauweiss und in grosser Zahl vorhanden

E_5E_5

Abb. 225
Alnus incána
Grau-Erle

Abb. 226
Alnus incána
Grau-Erle

9: **Alnus incána (L.) Moench**
Grau-Erle
(S. 138)

● Junge Zweige lichtseits rotviolett, schattenseits graugrün, oft filzig behaart; ältere Zweige dreikantig bis rundlich

● Knospen eiförmig, stumpf, oft ohne Wachsüberzüge, anliegend und selten klebrig; subterminale Seitenknospe ist im Wuchs reduziert, erst die nächste Knospe ist normal ausgebildet und dann deutlich gestielt

● Schuppen rotviolett, zuerst behaart und später kahl

● Lentizellen meist rundlich, weiss und später schwarz

D_3D_3 Knospen sitzend | Richtig, siehe E_6
| Falsch, zurück zu D_3 (S. 78)

E_6 ● Höchstens 50 cm hoch werdende Sträucher | Richtig, siehe F_4
● Blattnarben je eine Blattspur aufweisend | Falsch, siehe E_6E_6 (S. 80)

F_4 ● Zweige kantig und grün | Richtig, siehe G_4
| Falsch, siehe F_4F_4

Vaccínium L. – Heidelbeere

G_4

Abb. 227
Vacc. myrtíllus
Heidelbeere

Abb. 228
Vacc. myrtíllus
Heidelbeere

145: **Vaccínium myrtíllus L.**
Heidelbeere
(S. 410)

● Zweige grün, kantig, steil rechtsschraubig und ohne Lentizellen (Abb. 227, 228)

● Knospen eiförmig, vorn zugespitzt, anliegend bis leicht abstehend; Endknospen meist grösser als Seitenknospen (Abb. 227)

● Knospenschuppen grün, lichtseits oft rötlich angelaufen (Abb. 228)

F₄F₄ Zweige rundlich und ockerbraun Richtig, siehe G₅
Falsch, zurück zu F₄ (S. 79)

G₅

Abb. 229
Vacc. uliginósum
Moorbeere

Abb. 230
Vacc. uliginósum
Moorbeere

146: **Vaccínium uliginósum L.**
Rauschbeere,
Moorbeere
(S. 412)

● Junge Zweige hell rotbraun, später ockerbraun, ohne Lentizellen und meist mit einer vertrocknenden Triebspitze, so dass keine eigentlichen Endknospen auftreten (Abb. 230)

● Knospen breit-eiförmig, meist zugespitzt und von 2 abstehenden Schuppen umhüllt (Abb. 230)

● Knospenschuppen rot bis rotbraun und oft mit schwarzen Flecken (Abb. 229, 230)

E₆E₆ Bäume und Sträucher Richtig, siehe F₅ oder F₅F₅, F₅F₅F₅ (S. 81)
von über 50 cm Höhe Falsch, zurück zu E₆ (S. 79)

Alnus Mill. – Erle

F₅

Abb. 231
Alnus víridis
Grün-Erle

Abb. 232
Alnus víridis
Grün-Erle

10: **Alnus víridis (Chaix) DC.**
Grün-Erle
(S. 140)

● Junge Triebe lichtseits rotviolett, schattenseits olivgrün, im Alter aschgrau, mit durchwegs dreistrahligem bis kreisförmigem Mark

● Knospen spitzkegelig, kahl, meist sitzend und leicht schräg abstehend (Abb. 231)

● Schuppen braungrün bis rotbraun, glänzend und etwas klebrig; die beiden äusseren sehr ungleich und unbehaart (Abb. 232)

● Lentizellen weiss und strichförmig bis rund

Fícus L. – Feige

F_5F_5

Abb. 233
Fícus cárica
Feige

Abb. 234
Fícus cárica
Feige

46: Fícus cárica L.
Feige
(S. 212)

● Zweige grün und Milchsaft führend

● Seitenknospen meist eiförmig bis rundlich und abstehend; Endknospen spitz-kegelförmig (Abb. 233)

● Knospenschuppen gelb, grün oder braungrün (Abb. 234)

● Lentizellen meist rund, warzig und hell- bis dunkelbraun

Júglans L. – Walnuss

F_5F_5
F_5

Abb. 235
Júglans régia
Nussbaum

Abb. 236
Júglans régia
Nussbaum

55: Júglans régia L.
Nussbaum
(S. 230)

● Junge Triebe grün bis olivgrün, später Zweige bräunlich mit durchgehend quergefächertem Mark und grossen herzförmigen bis wappenförmigen Blattnarben

● Knospen kugelig bis eiförmig mit meist zwei muschelförmig übereinander angeordneten Aussenschuppen und abstehend (Abb. 235)

● Aussenschuppen graubraun, unbehaart und schwarzrandig; Innenschuppen behaart

● Lentizellen zuerst strichförmig, später rund und hellbraun

C_4C_4 Knospen von vier bis vielen Richtig, siehe D_4 (S. 82)
C_4 Knospenschuppen umhüllt Falsch, zurück zu C_4 (S. 69)

D₄

Abb. 237
Coronílla émerus
Strauchige
Kronwicke

Junge Zweige vierkantig und grün; Langtriebe sechskantig; Seitenknospen von einem spitzen und braunen Nebenblatt zum Teil umschlossen (Abb. 237)

Richtig, siehe E₇

Falsch, siehe D₄D₄

Coronílla L. – Kronwicke

E₇

Abb. 238
Coronílla émerus
Strauchige
Kronwicke

Abb. 239
Coronílla émerus
Strauchige Kronwicke

29: **Coronílla émerus L.**
Strauchige
Kronwicke
(S. 178)

● Junge Triebe vierkantig und grün, Langtriebe sechskantig; ältere Zweige olivbraun bis graubraun mit hellen Längsstreifen

● Seitenknospen von einem spitzen und braunen Nebenblatt zum Teil umschlossen, klein, kegelförmig, stumpf, zusammengedrückt, braungelb, flaumig behaart und häufig zu zweit nebeneinander (Abb. 238, 239)

D₄D₄ Zweige anders gestaltet; Seitenknospen nicht von einem Nebenblatt umschlossen

Richtig, siehe E₈ (S. 83)
Falsch, zurück zu D₄

E₈  Blattnarben einspurig oder mit einer Spurengruppe (Abb. 240)

Richtig, siehe F₆ oder F₆F₆ (S. 84)

Falsch, siehe E₈E₈ (S. 84)

Abb. 240
Dáphne mezéreum
Gem. Seidelbast

Dáphne L. – Seidelbast

F₆

Abb. 241
Dáphne alpína
Alpen-Seidelbast

Abb. 242
Dáphne alpína
Alpen-Seidelbast

37: **Dáphne alpína L.**
Alpen-Seidelbast
(S. 194)

● Junge Zweige rotbraun und besonders an der Spitze stark behaart (Abb. 242)

● Seitenknospen kugelig, stark weiss- bis braunfilzig behaart und abstehend; Endknospen eiförmig, braun- bis weissfilzig behaart und grösser als Seitenknospen

● Knospenschuppen mit braunroter Grundfarbe; durch starke Behaarung hellbraun bis weisslich erscheinend (Abb. 241, 242)

● Lentizellen unauffällig

F₆F₆

Abb. 243
Dáphne mezéreum
Gem. Seidelbast

Abb. 244
Dáphne mezéreum
Gem. Seidelbast

39: **Dáphne mezéreum L.**
Gemeiner Seidelbast
(S. 198)

● Äste rutenförmig, zäh, etwas kantig und nur an den Zweigspitzen Knospen vorhanden; junge Zweige gelblich oder grünlichbraun, später grau bis schwarz und längsrissig

● Knospen schmal-eiförmig, vorn zugespitzt und lockerschuppig; Seitenknospen abstehend (Abb. 244)

● Knospenschuppen braun bis schwarzbraun und mit behaarten Schuppenrändern (Abb. 243)

● Lentizellen unauffällig und braunschwarz bis schwarz

E₈E₈

Abb. 245
Prúnus pádus
Trauben-Kirsche

Abb. 246
Bétula péndula
Hänge-Birke

Blattnarben dreispurig (Abb. 245, 246) oder mit drei Spurengruppen

Richtig, siehe F₇

Falsch, siehe E₈E₈E₈ (S. 107)

F₇

Abb. 247
Bétula húmilis
Strauch-Birke

Zweige mit warzigen Wachsdrüsen (Abb. 247)

Richtig, siehe G₆, G₆G₆, (S. 85) oder G₆G₆G₆, G₆G₆ G₆G₆ (S. 86)

Falsch, siehe F₇F₇ (S. 86)

Bétula L. – Birke

Abb. 248
Bétula húmilis
Strauch-Birke

Abb. 249
Bétula húmilis
Strauch-Birke

14: **Bétula húmilis Schrank**
Strauch-Birke
(S. 148)

● Zweige anfangs behaart, später kahl, reichlich mit warzigen Drüsen versehen und graubraun bis grauschwarz gefärbt (Abb. 248, 249)

● Strauch mit rutenförmigen Ästen und einer maximalen Höhe von 150 cm

● Knospen eiförmig und anliegend (Abb. 248, 249)

● Knospenschuppen braun, schwarz berandet und weiss behaart

● Lentizellen bräunlich

Abb. 250
Bétula nígra
Schwarz-Birke

Abb. 251
Bétula nígra
Schwarz-Birke

16: **Bétula nígra L.**
Schwarz-Birke
(S. 152)

● Zweige rotbraun bis grau, behaart und mit warzigen Drüsen (Abb. 250)

● Knospen spitz pyramidenförmig, anliegend und mit der Spitze dem Zweig zugedreht (Abb. 250)

● Knospenschuppen gelbbraun oder grau

● Lentizellen weisslich oder bräunlich (Abb. 251)

G₆G₆
G₆

Abb. 252
Bétula péndula
Hänge-Birke

Abb. 253
Bétula péndula
Hänge-Birke

17: Bétula péndula Roth
Hänge-Birke
(S. 154)

● Im typischen Fall junge Zweige dicht mit Korkwarzen besetzt, über denen Drüsenhaare sitzen, die von weisslichem Sekret bedeckt sind; ältere Triebe wenig warzig, braun bis rötlichbraun und hängend

● Knospen länglich, vorn zugespitzt, ungestielt und abstehend (Abb. 253); Kurztriebe geringelt

● Knospenschuppen zuerst grün, dann gelblich und später rotbraun und klebrig (Abb. 252)

● Lentizellen warzig und zahlreich

G₆G₆
G₆G₆

Abb. 254
Bétula pubéscens
Moor-Birke

Abb. 255
Bétula pubéscens
Moor-Birke

18: Bétula pubéscens Ehrh.
Moor-Birke
(S. 156)

● Junge Triebe flaumig behaart und bräunlich; ältere Zweige grau, kahl und nicht oder wenig überhängend

● Knospen eikegelig, meist gebogen und grösser als diejenigen von Nr. 17

● Schuppen glänzend rotbraun bis graubraun, klebrig und beim Austrieb grünlich (Abb. 255)

● Lentizellen fein, nicht auffallend und dunkelgrau

F₇F₇   Zweige ohne warzige Wachsdrüsen   Richtig, siehe G₇
                                          Falsch, zurück zu F₇ (S. 84)

G₇   Niederliegender Kleinstrauch   Richtig, siehe H (S. 87)
     von höchstens 1 m Höhe   Falsch, siehe G₇G₇ (S. 87)
     auf Torfmooren und Torfbrüchen

Bétula L. – Birke

15: Bétula nána L.
Zwerg-Birke
(S. 150)

● Stämmchen und Äste dunkelbraun bis braunschwarz; junge Zweige behaart

● Knospen sehr klein und anliegend (Abb. 256)

● Knospenschuppen sehr oft verkehrt herzförmig, dunkelbraun und mit schwarzen Rändern (Abb. 257)

Abb. 256
Bétula nána
Zwerg-Birke

Abb. 257
Bétula nána
Zwerg-Birke

G_7G_7 Aufrechte Bäume und Sträucher — Richtig, siehe H_1
Falsch, zurück zu G_7 (S. 86)

H_1

Abb. 258
Prúnus ávium
Kirschbaum

Seitenknospen der Langtriebe abstehend (Abb. 258) — Richtig, siehe I

Falsch, siehe H_1H_1 (S. 98)

I

Abb. 259
Pýrus commúnis
Birnbaum

Knospenschuppen nackt oder nur sehr fein bewimpert oder behaart (Abb. 259) — Richtig, siehe K (S. 88)

Falsch, siehe II (S. 94)

K

Abb. 260
Pópulus nígra
Schwarz-Pappel

Knospen 8 bis 15 mm lang, schmal kegelförmig und lang zugespitzt (Abb. 260)

Richtig, siehe L

Falsch, siehe KK

Pópulus L. – Pappel

L

Abb. 261
Pópulus nígra
Schwarz-Pappel

Abb. 262
Pópulus nígra
Schwarz-Pappel

80: **Pópulus nígra L.**
Schwarz-Pappel
(S. 280)

● Jüngere Zweige glatt, glänzend, lehmgelb; ältere Zweige gelbaschgrau; Langtriebe rutenförmig

● Knospen sehr lang, spitz kegelförmig, glänzend, meist klebrig und beim Aufbrechen balsamisch duftend; Blütenknospen stark abstehend und zurückgebogen; Seitenknospen etwas nach auswärts gekrümmt (Abb. 261)

● Schuppen rotbraun, vorn zugespitzt und klebrig (Abb. 262)

● Lentizellen grünlich und in geringer Zahl vorhanden

KK Knospen nicht so lang wie bei K und eher eiförmig, spitz eiförmig, kegelförmig oder kugelig

Richtig, siehe L$_1$ (S. 89)
Falsch, zurück zu K

L₁
Blütenknospen an den Kurztrieben meist gebüschelt (Abb. 263)

Richtig, siehe M oder MM (S. 90)

Abb. 263
Prúnus ávium
Kirschbaum

Falsch, siehe L₁L₁ (S. 90)

Prúnus L. – Steinobstbäume

M

Abb. 264
Prúnus ávium
Kirschbaum

Abb. 265
Prúnus ávium
Kirschbaum

85: **Prúnus ávium L.**
Kirschbaum
(S. 290)

● Junge Zweige kahl, graugrün, ältere Zweige von abblätternder Epidermis hellgrau mit braunem Untergrund (Abb. 264)

● Knospen eiförmig, stumpf oder lang zugespitzt; Endknospen nicht grösser als tieferstehende Knospen (Abb. 265)

● Knospenschuppen mehr oder weniger gleichmässig rotbraun glänzend; Schuppenrand oft leicht gewellt (Abb. 264, 265)

● Lentizellen gross, hellrotbraun und unter der sich abhebenden Epidermis hervorbrechend

MM

Abb. 266
Prúnus cérasus
Sauer-Kirsche

Abb. 267
Prúnus cérasus
Sauer-Kirsche

86: **Prúnus cérasus L.**
Sauer-Kirsche
(S. 292)

● Junge Zweige kahl, olivgrün (Abb. 266, 267); ältere Zweige hellbraun bis rotbraun

● Knospen breit-eiförmig und vorn abgerundet oder leicht zugespitzt (Abb. 266)

● Knospenschuppen im unteren Teil meist dunkelbraun, oft schwarz; im oberen Teil hellbraun (Abb. 267)

● Lentizellen gross, rund und hellbraun

L_1L_1	Blütenknospen an den Kurztrieben nicht gebüschelt wie bei L_1 (S. 89)	Richtig, siehe M_1 Falsch, zurück zu L_1 (S. 89)
M_1	Knospenschuppen grün und braun bis braunrot berandet	Richtig, siehe N oder NN (S. 91) Falsch, siehe M_1M_1 (S. 91)

Sórbus L. – Eberesche, Mehlbeere

N

Abb. 268
Sórbus latifólia
Breitbl. Mehlbeere

Abb. 269
Sórbus latifólia
Breitbl. Mehlbeere

132: **Sórbus latifólia (Lam.) Pers.**
Breitblättrige Mehlbeere
(S. 384)

● Junge Zweige rotbraun, ältere Zweige graubraun bis grauschwarz

● Knospen eiförmig, vorn leicht abgerundet oder zugespitzt; Seitenknospen abstehend (Abb. 268)

● Knospenschuppen im unteren Teil grün, gegen den weiss gewimperten Rand zu gelblich bis bräunlich (Abb. 268, 269)

● Lentizellen strichförmig bis rund, zahlreich und weiss bis hellbraun gefärbt

NN

Abb. 270
Sórbus torminális
Elsbeerbaum

Abb. 271
Sórbus torminális
Elsbeerbaum

134: Sórbus torminális (L.) Crantz
Elsbeerbaum
(S. 388)

● Junge Zweige anfangs locker filzig und rotbraun; ältere Zweige dunkel graubraun, kahl und durch abgehobene Epidermis stellenweise silbrig glänzend

● Knospen eiförmig bis kugelig, kahl oder fast kahl; Endknospen grösser als Seitenknospen (Abb. 271)

● Knospenschuppen glänzend grün, an den Rändern braun, oft eingekerbt und locker behaart oder kahl (Abb. 270)

● Lentizellen hellbraun, elliptisch und sehr klein

M_1M_1	Knospenschuppen hell- bis dunkelbraun oder rotbraun gefärbt und mit ungefransten Rändern	Richtig, siehe N_1 oder N_1N_1 (S. 92) Falsch, siehe $M_1M_1M_1$ (S. 92)

Prúnus L. – Steinobstbäume

N_1

Abb. 272
Prúnus máhaleb
Felsenkirsche

Abb. 273
Prúnus máhaleb
Felsenkirsche

91: Prúnus máhaleb L.
Felsenkirsche
(S. 302)

● Junge Zweige fein behaart, lichtseits oliv und an den Spitzen rotviolett überlaufen, schattenseits grün; ältere Zweige durch sich abhebende Epidermis silber- bis dunkelgrau und grünlich gefleckt (Abb. 273)

● Knospen eikegelförmig, Spitzen oft fein behaart, stumpf zugespitzt; Seiten- und Endknospen mehr oder weniger gleich gross (Abb. 272, 273)

● Knospenschuppen eng anliegend, braunrot mit hellem Rand; Deckschuppen leicht ausgerandet

● Lentizellen gross, zahlreich, unregelmässig verteilt, oft zu Lentizelleninseln zusammenfliessend und hellocker; an älteren Zweigen sind sie rundlich, buckelig und grau

Pýrus L. – Birnbaum

$N_1 N_1$

Abb. 274
Pýrus commúnis
Birnbaum

Abb. 275
Pýrus commúnis
Birnbaum

95: Pýrus commúnis var. sativa L.
Birnbaum
(S. 310)

● Junge Zweige oliv, später hell- bis dunkelbraun, glänzend und kahl, Äste sparrig abstehend

● Knospen eikegelförmig und spitz zulaufend (Abb. 275)

● Knospenschuppen dunkel- und hellbraun gescheckt, an den Rändern ausgefranst und durch abgehobene Epidermis oft weisslich (Abb. 274)

● Lentizellen zuerst rund, später länglich und hellocker

$M_1 M_1$ Knospenschuppen dunkelbraun
M_1 bis braunschwarz gefärbt und mit gefransten oder gekerbten Rändern

Richtig, siehe N_2 oder $N_2 N_2$,
$N_2 N_2 N_2$ (S. 93)
Falsch, zurück zu M_1 (S. 90)

Prúnus L. – Steinobstbäume

N_2

Abb. 276
Prúnus armeníaca
Aprikosenbaum

Abb. 277
Prúnus armeníaca
Aprikosenbaum

84: Prúnus armeníaca L.
Aprikosenbaum
(S. 288)

● Zweige kahl, lichtseits rotbraun und schattenseits grünlich

● Knospen eiförmig und stumpf zugespitzt (Abb. 277)

● Knospenschuppen dunkel- bis hellbraun; Schuppen zum Teil durch sich ablösende Epidermis weisslich gefleckt (Abb. 276)

● Lentizellen klein, rundlich und hellbraun

88: **Prúnus doméstica L. ssp. itálica (Borkh.) Gams** Reineclaude (S. 296)

Abb. 278
Prúnus doméstica ssp. itálica
Reineclaude

Abb. 279
Prúnus doméstica ssp. itálica
Reineclaude

● Junge Zweige anfangs filzig behaart, später kahl; lichtseits rotbraun, schattenseits gelboliv bis grünlich

● Knospen kegelförmig und vorn gleichmässig zugespitzt; End- und Seitenknospen ungefähr gleich gross (Abb. 279)

● Knospenschuppen breit, hell- und dunkelbraun gescheckt und mit einem breiten grauweissen Rand (Abb. 278)

● Lentizellen braun- bis grauschwarz und nicht zahlreich

89: **Prúnus insitítia L.** Pflaumenbaum (S. 298)

Abb. 280
Prúnus insitítia
Pflaumenbaum

Abb. 281
Prúnus insitítia
Pflaumenbaum

● Junge Zweige kurzhaarig, später kahl, lichtseits rötlichbraun und schattenseits grünlich

● Knospen kegelförmig, leicht gebogen zugespitzt; End- und Seitenknospen ungefähr gleich gross (Abb. 281)

● Knospenschuppen breit, mit dunkelbraunen, schwarzen und grauen Flächen und hellbraunen Rändern (Abb. 280)

● Lentizellen klein, zahlreich, je nach Lage grünlich, hellbraun oder rötlich; bei älteren Zweigen graubraun

II  Knospenschuppen gut sichtbar bewimpert oder behaart (Abb. 282)

Richtig, siehe K_1

Falsch, zurück zu I (S. 87)

Abb. 282
Prúnus pérsica
Pfirsichbaum

K_1 Blütenknospen kugelig, vorn kurz zugespitzt und meist viel grösser als reine Blattknospen

Richtig, siehe L_2
Falsch, siehe K_1K_1

Pópulus L. – Pappel

L_2

79: **Pópulus álba L.**
Silber-Pappel
(S. 278)

● Junge Zweige weissgraufilzig behaart, stellenweise durch Abrieb kahl; ältere Zweige graubraun; Langtriebe grauweiss behaart

Abb. 283
Pópulus álba
Silber-Pappel

● Reine Blattknospen eikegelig und spitz; Blütenknospen kugelig, grösser als Blattknospen und kurz zugespitzt (Abb. 283)

● Knospenschuppen hellbraun, abgerundet und durch Behaarung weisslich erscheinend (Abb. 283)

● Lentizellen rund, hellbraun, warzig und in spärlicher Zahl

K_1K_1 Blütenknospen nicht wie bei K_1 gestaltet

Richtig, siehe L_3 (S. 95)
Falsch, zurück zu K_1

L₃

Abb. 284
Prúnus pérsica
Pfirsichbaum

Junge Zweige lichtseits intensiv rot (Abb. 284); schattenseits grün gefärbt (Abb. 285)

Richtig, siehe M₂

Falsch, siehe L₃L₃

Prúnus L. – Steinobstbäume

M₂

Abb. 285
Prúnus pérsica
Pfirsichbaum

Abb. 286
Prúnus pérsica
Pfirsichbaum

93: Prúnus pérsica (L.) Batsch.
Pfirsichbaum
(S. 306)

● Junge Zweige lichtseits intensiv rot, schattenseits grün, kahl (Abb. 285, 286); ältere Zweige graubraun

● Knospen eiförmig und vorn zugespitzt; Endknospen nicht grösser als Seitenknospen (Abb. 286)

● Knospenschuppen hellbraun, von dichtem Haarkleid aber weiss erscheinend (Abb. 285, 286)

● Lentizellen klein und bräunlich

L₃L₃ Zweige nicht wie bei L₃ gefärbt

Richtig, siehe M₃ (S. 96)
Falsch, zurück zu L₃

M₃  Knospen durch seidig silbergraue Behaarung fast vollständig weiss erscheinend (Abb. 287)

Richtig, siehe N₃ oder N₃N₃ (S. 97)

Falsch, siehe M₃M₃ (S. 97)

Abb. 287
Labúrnum anagyroídes
Gewöhnlicher Goldregen

Labúrnum Medikus – Goldregen

N₃

Abb. 288
Labúrnum alpínum
Alpen-Goldregen

Abb. 289
Labúrnum alpínum
Alpen-Goldregen

59: **Labúrnum alpínum Mill.**
Alpen-Goldregen
(S. 238)

● Junge Zweige allseits grün, ältere Zweige graugrün

● Seitenknospen leicht abstehend, eiförmig und vorn meist abgerundet (Abb. 288)

● Knospenschuppen mit hellbraunem bis hellgrünem Untergrund; durch starke Behaarung aber silbrig erscheinend (Abb. 288, 289)

● Lentizellen länglich und hellbraun

N₃N₃

Abb. 290
Labúrnum anagyroídes
Gewöhnlicher Goldregen

Abb. 291
Labúrnum anagyroídes
Gewöhnlicher Goldregen

60: **Labúrnum anagyroídes Medikus**
   Gewöhnlicher Goldregen (S. 240)

● Junge Zweige allseits grün und meist angedrückt behaart; ältere Zweige graugrün; Holz grünlich

● Knospen meist abstehend, an Zweigenden eher etwas anliegend, eiförmig und vorn abgerundet oder etwas zugespitzt (Abb. 290)

● Knospenschuppen grünlich bis braun, vorn abgerundet oder gekielt und stark silbergrau behaart (Abb. 290, 291)

● Lentizellen rundlich, ockerfarben, klein und unregelmässig verteilt

---

M₃M₃ Behaarung der Knospen nicht so ausgeprägt wie bei M₃ (Abb. 287), aber gleichwohl vorhanden	Richtig, siehe N₄ oder N₄N₄, N₄N₄N₄ (S. 98) Falsch, zurück zu M₃ (S. 96)

Méspilus L. – Mispel

N₄

Abb. 292
Méspilus germanica
Mispel

Abb. 293
Méspilus germanica
Mispel

69: **Méspilus germanica L.**
   Mispel
   (S. 258)

● Junge Zweige lichtseits rotbraun bis rotviolett, schattenseits olivgrün, stark wollig behaart und an den Enden mit dicht aufeinander folgenden Blattnarben (Abb. 292, 293)

● Knospen spitz-eiförmig und sehr klein

● Knospenschuppen rotbraun bis rotviolett und mit einem braun bis braunschwarz und hell bewimperten Rand versehen (Abb. 293)

● Lentizellen hellbraun, später warzig und braun

Prúnus L. – Steinobstbäume

N₄N₄

Abb. 294
Prúnus doméstica
Zwetschgenbaum

Abb. 295
Prúnus doméstica
Zwetschgenbaum

87: **Prúnus doméstica L. ssp. domestica**
Zwetschgenbaum
(S. 294)

- Junge Zweige lichtseits oliv bis braun, schattenseits hellgrün und kurz behaart; ältere Zweige graubraun und kahl

- Knospen kegelförmig (Abb. 294, 295)

- Untere Teile der Knospenschuppen dunkelbraun, obere Regionen grauschwarz; Flächen schwach weisslich behaart (Abb. 294)

- Lentizellen rundlich und bräunlich

Pýrus L. – Birne

N₄N₄
N₄

Abb. 296
Pýrus nivális
Schnee-Birne

Abb. 297
Pýrus nivális
Schnee-Birne

96: **Pýrus nivális Jacq.**
Schnee-Birne
(S. 312)

- Junge Zweige braun und dicht behaart, später verkahlend und dunkelbraun werdend

- Knospen eiförmig und vorn abgerundet oder leicht zugespitzt (Abb. 296)

- Knospenschuppen rostrot mit dunkelbraunem bis schwarzem Rand und oft so stark behaart, dass die Knospen silbrig erscheinen (Abb. 297)

H₁H₁ Seitenknospen an
Langtrieben anliegend

Richtig, siehe I₁ (S. 99)
Falsch, zurück zu H₁ (S. 87)

| I_1 | Knospen nackt oder nur sehr fein behaart | Richtig, siehe K_2 Falsch, siehe I_1I_1 (S. 103) |

| K_2 | Endknospen gekrümmt | Richtig, siehe L_4 Falsch, siehe K_2K_2 |

Cércis L. – Judasbaum

L_4

Abb. 298
Cércis siliquástrum
Gem. Judasbaum

Abb. 299
Cércis siliquástrum
Gem. Judasbaum

24: **Cércis siliquástrum L.**
Gemeiner Judasbaum
(S. 168)

● Junge Zweige hellbraun bis glänzend rot, ältere Zweige olivbraun bis dunkelbraun gefärbt

● Seitenknospen spitz-eiförmig und anliegend; Endknospen kaum grösser als Seitenknospen und gekrümmt (Abb. 299)

● Knospenschuppen kurz nach dem Laubfall im unteren Bereich oft noch grün (Abb. 298), später über die ganze Fläche dunkelbraun bis schwarz und hellbraun gestreift, bis zur Mitte gleichmässig breitbleibend und danach bis zur Spitze immer schmaler werdend

● Lentizellen strichförmig bis punktförmig, sehr zahlreich und hellbraun

| K_2K_2 | Endknospen nicht gekrümmt | Richtig, siehe L_5 Falsch, zurück zu K_2 |

| L_5 | Knospen an den Zweigspitzen gehäuft | Richtig, siehe M_4 (S. 100) Falsch, siehe L_5L_5 (S. 100) |

Ribes L. – Johannisbeere

M₄

Abb. 300
Ribes rúbrum
Garten-Johannisbeere

Abb. 301
Ribes rúbrum
Garten-Johannisbeere

108: Ribes rúbrum L.
Garten-Johannisbeere
(S. 336)

● Junge Zweige hellbraun bis grau und mit dunklen Flecken; ältere Zweige dunkelkgraubraun und durch gesprungene primäre Rinde silbrig gefleckt (Abb. 300)

● Knospen schmal-eiförmig und vorn zugespitzt

● Knospenschuppen vorn abgerundet, braun bis dunkelbraun gefärbt und meist schwarz berandet oder schwarz gefleckt (Abb. 300, 301)

● Keine Lentizellen vorhanden

L₅L₅ Knospen an den Zweigspitzen nicht gehäuft (Abb. 303, 305, S. 101)

Richtig, siehe M₅
Falsch, zurück zu L₅ (S. 99)

M₅ Knospenschuppen meist grün bis gelb und mit braunen Rändern (Abb. 303)

Richtig, siehe N₅
Falsch, siehe M₅M₅ (S. 101)

Sórbus L. – Eberesche

N₅

Abb. 302
S. chamaeméspilus
Zwerg-Mehlbeere

Abb. 303
S. chamaeméspilus
Zwerg-Mehlbeere

130: Sórbus chamaeméspilus (L.) Crantz
Zwerg-Mehlbeere
(S. 380)

● Junge Zweige oliv bis rotbraun, später dunkelbraun (Abb. 302)

● Knospen spitz-eiförmig; Endknospen grösser als Seitenknospen (Abb. 303)

● Knospenschuppen breit, vorn leicht gekerbt, abgerundet oder leicht zugespitzt, grün bis braun und hellbraun bis dunkelbraun berandet (Abb. 303)

● Lentizellen zahlreich, hellgrau bis hellbraun

M₅M₅ Knospenschuppen dunkelbraun, schwarz berandet und in der Mitte tief eingekerbt (Abb. 304) — Richtig, siehe N₆
Falsch, siehe M₅M₅M₅

Rhámnus L. – Kreuzdorn

N₆

Abb. 304
Rhámnus alpína
Alpen-Kreuzdorn

Abb. 305
Rhámnus alpína
Alpen-Kreuzdorn

103: Rhámnus alpína L.
Alpen-Kreuzdorn
(S. 326)

● Junge Zweige hellgrau, ältere Zweige dunkelbraun bis schwarzbraun

● Knospen schmal eiförmig, vorn zugespitzt und oft etwas gekrümmt (Abb. 304)

● Knospenschuppen sehr breit, vorn abgerundet oder eingekerbt, dunkelbraun gefärbt und mit schwarzem Rand (Abb. 305)

● Lentizellen strichförmig bis rundlich und weisslich

M₅M₅ Knospenschuppen vorn
M₅ deutlich zugespitzt — Richtig, siehe N₇ oder NN₇ (S. 102)
Falsch, siehe M₅M₅M₅M₅ (S. 102)

Prúnus L. – Steinobstbäume

N₇

Abb. 306
Prúnus pádus
Traubenkirsche

Abb. 307
Prúnus pádus
Traubenkirsche

92: Prúnus pádus L.
Traubenkirsche
(S. 304)

● Junge Zweige lichtseits braun bis rotbraun, schattenseits grünocker (Abb. 306, 307); ältere Zweige dunkelbraun bis schwarzbraun und streckenweise von abgehobener Epidermis weisslich übertönt

● Knospen eikegelförmig und fast stachelspitzig (Abb. 307)

● Knospenschuppen breit, stachelspitzig, hell- bis dunkelbraun, mit hellbraunem Wimperrand und meist deutlicher Mittelrippe (Abb. 306)

● Lentizellen hellbraun, länglich und zahlreich

Ribes L. – Johannisbeere

N₇N₇

Abb. 308
Ribes alpinum
Alpen-Johannisbeere

Abb. 309
Ribes alpinum
Alpen-Johannisbeere

107: **Ribes alpínum L.**
Alpen-Johannisbeere
(S. 334)

● Junge Zweige gelblich bis hellbraun (Abb. 308) ältere Zweige grau bis dunkelbraun

● Knospen schmal eiförmig und vorn zugespitzt

● Knospenschuppen im unteren Teil hellbraun, gegen die oft schwärzliche Spitze zu gelb- bis rotbraun und meist schwach gekielt (Abb. 308, 309)

M₅M₅ Knospenschuppen vorn
M₅M₅ abgerundet

Richtig, siehe N₈ oder N₈N₈ (S. 103)
Falsch, zurück zu M₅ (S. 100)

Pópulus L. – Pappel

N₈

Abb. 310
Pópulus itálica
Pyramiden-Pappel

Abb. 311
Pópulus itálica
Pyramiden-Pappel

81: **Pópulus nígra ssp. itálica (Duroi) Moench**
Pyramiden-Pappel
(S. 282)

● Äste straff aufrecht gerichtet; junge Zweige gelbbraun oder grünlichbraun glänzend

● Knospen kegelförmig und vorn stumpf oder zugespitzt (Abb. 310, 311)

● Knospenschuppen hell- bis dunkelbraun, glänzend, meist aber dunkelbraun und mit hellem und abgerundetem Rand (Abb. 311)

● Lentizellen länglich und weisslich bis hellbraun

N₈N₈

Abb. 312
Pópulus trémula
Zitter-Pappel

Abb. 313
Pópulus trémula
Zitter-Pappel

82: Pópulus trémula L.
Zitter-Pappel
(S. 284)

● Junge Zweige gelbgrün bis grau, ältere Zweige oliv- bis grauschwarz und mit vielen Kurztrieben

● Laubknospen spitzkegelig, oft dreikantig, meist aber rundlich; Blütenknospen eiförmig bis kugelig und viel dicker als Laubknospen (Abb. 313)

● Knospenschuppen hell- und dunkelbraun, Wimperrand der äusseren Schuppen durch verhärtetes Sekret verklebt (Abb. 312)

● Lentizellen punktförmig bis länglich, zerstreut, hellbraun oder weisslich, später grau und warzig rund

---

I₁I₁	Knospen gut sichtbar behaart	Richtig, siehe K₃ Falsch, zurück zu I₁ (S. 99)
K₃	Knospenschuppen beidseitig grün oder wenigstens die Schattenseite grün; Ränder rotbraun bis braunschwarz und deutlich behaart	Richtig, siehe L₆ oder L₆L₆, L₆L₆L₆ (S. 104) Falsch, siehe K₃K₃ (S. 104)

Sórbus L. – Eberesche

L₆

Abb. 314
Sórbus ária
Mehlbeerbaum

Abb. 315
Sórbus ária
Mehlbeerbaum

128: Sórbus ária (L.) Crantz
Mehlbeerbaum
(S. 376)

● Junge Zweige lichtseits dunkelrotbraun, schattenseits oliv (Abb. 315); ältere Zweige olivbraun; Kurztriebe stark knotig

● Knospen eikegelig und vorn abgerundet oder spitz (Abb. 314)

● Knospenschuppen schattenseits grünlich mit braunem Rand, lichtseits rotbraun bis goldgelb mit braunrotem Rand; Schuppenränder oder Schuppenflächen weiss behaart (Abb. 315)

● Lentizellen rundlich bis eiförmig, hellbraun und in grosser Zahl vorhanden

L₆L₆

Abb. 316
Sórbus intermédia
Schwedische
Mehlbeere

Abb. 317
Sórbus intermédia
Schwedische
Mehlbeere

131: Sórbus intermédia (Ehrh.) Pers.
Schwedische Mehlbeere
(S. 382)

● Junge Zweige olivbraun und stark behaart

● Seitenknospen eiförmig und dem Zweig eng anliegend (Abb. 316)

● Knospenschuppen grün, oft rötlich überlaufen, rotbraun berandet und stark behaart (Abb. 316)

● Lentizellen hell- bis rotbraun und strichförmig bis oval (Abb. 317)

L₆L₆
L₆

Abb. 318
Sórbus mougeótii
Berg-Mehlbeere

Abb. 319
Sórbus mougeótii
Berg-Mehlbeere

133: Sórbus mougeótii Soy.-Will. und Godr.
Berg-Mehlbeere
(S. 386)

● Junge Zweige rotbraun bis graubraun, später dunkelbraun bis grauschwarz

● Knospen eiförmig und meist zugespitzt

● Knospenschuppen grün, oft hellbraun überlaufen, mit dunkelbraunem Rand und über die ganze Fläche behaart (Abb. 318, 319)

● Lentizellen lang, strichförmig und meist grau

K₃K₃ Endknospen sehr schmal, lang, zugespitzt und mit dunkelroten und hellbraun berandeten Knospenschupppen

Richtig, siehe L₇ (S. 105)
Falsch, siehe K₃K₃K₃ (S. 105)

Amelánchier Med. – Felsenbirne

L₇

Abb. 320
Amelánchier ovális
Gem. Felsenbirne

Abb. 321
Amelánchier ovális
Gem. Felsenbirne

11: **Amelánchier ovális Med.**
Gemeine Felsenbirne (S. 142)

● Junge Zweige dicht weissfilzig, ausgewachsen nahezu kahl, kirschrot und glänzend; ältere Zweige an den Spitzen mit silbrig abgehobener Epidermis (Abb. 320)

● Knospen lang, kegelförmig, spitz und gegen den Zweig zu leicht gebogen (Abb. 320)

● Knospenschuppen rot bis purpurbraun und an den Rändern grauweiss behaart (Abb. 320, 321)

● Lentizellen zuerst bräunlich, später schwarz und nur vereinzelt auftretend

---

K_3K_3	Endknospen eiförmig	Richtig, siehe L_8 oder L_8L_8, $L_8L_8L_8$ (S. 106)
K_3	bis rundlich gestaltet	Falsch, zurück zu K_3 (S. 103)

Cydónia Mill. – Quitte

L₈

Abb. 322
Cydónia oblónga
Quitte

Abb. 323
Cydónia oblónga
Quitte

36: **Cydónia oblónga Mill.**
Quitte (S. 192)

● Junge Zweige oliv bis dunkelbraun, durch dichtes Haarkleid aber meist grauweiss erscheinend; ältere Zweige dunkelbraun bis graubraun

● Knospen kegelförmig, vorn abgerundet und weiss behaart (Abb. 322, 323)

● Knospenschuppen rot, braun und besonders gegen die Spitze zu stark behaart (Abb. 322)

● Lentizellen länglich bis rundlich und hellbraun

Malus Mill. – Apfelbaum

L₈L₈

Abb. 324
Malus doméstica
Apfelbaum

Abb. 325
Malus doméstica
Apfelbaum

68: Malus doméstica Borkh.
Apfelbaum
(S. 256)

- Junge Zweige rotbraun bis dunkelbraun; ältere Zweige hell- bis dunkelgrau

- Knospen kegelförmig und vorn abgerundet; Seitenknospen mit der Spitze dem Zweig zugewandt (Abb. 324)

- Knospenschuppen rot bis rotbraun, mit oftmals schwarzem Rand und vielfach über die ganze Fläche weiss behaart (Abb. 324, 325)

- Lentizellen hellbraun, rundlich bis oval und nicht zahlreich

Prúnus L. – Steinobstbäume

L₈L₈
L₈

Abb. 326
Prúnus amygdalus
Mandelbaum

Abb. 327
Prúnus amygdalus
Mandelbaum

83: Prúnus amygdalus Batsch
Mandelbaum
(S. 286)

- Junge Zweige braun bis rotbraun (Abb. 326, 327), meist kantig; ältere Zweige braun bis dunkelbraun

- Knospen kegelförmig, vorn zugespitzt oder stumpf; oft mehr als eine Seitenknospe auf gleicher Höhe (Abb. 326)

- Knospenschuppen rotbraun bis dunkelbraun, vorn zugespitzt und an den Rändern stark behaart; durch Ablösung der Epidermis Schuppenflächen oft grau und braun erscheinend (Abb. 326)

- Lentizellen klein, spärlich und hellbraun

E_8E_8 E_8		Blattnarben fünf-(Abb. 328) bis mehrspurig	Richtig, siehe F_8
			Falsch, zurück zu E_8 (S. 83)

Abb. 328
Sórbus aucupária
Vogelbeerbaum

F_8 Zweige Milchsaft führend Richtig, siehe G_8
  Falsch, siehe F_8F_8

Mórus L. – Maulbeerbaum

G_8

70: **Mórus álba L.**
Weisser Maulbeerbaum
(S. 260)

● Junge Zweige oliv bis graubraun (Abb. 329, 330); schattenseits grünlich; ältere Zweige graugrün

● Knospen klein, breit eiförmig, vorn zugespitzt oder abgerundet (Abb. 329)

● Knospenschuppen hellbraun und mit dunklem Rand (Abb. 329, 330)

● Lentizellen hellbraun und nicht häufig

Abb. 329
Mórus álba
W. Maulbeerbaum

Abb. 330
Mórus álba
W. Maulbeerbaum

F_8F_8 Zweige ohne Milchsaft Richtig, siehe G_9 (S. 108)
  Falsch, zurück zu F_8

G₉	 Abb. 331 *Quércus róbur* Stiel-Eiche	Knospen am Ende der Langtriebe gehäuft (Abb. 331)	Richtig, siehe H₂ Falsch, siehe G₉G₉ (S. 110)

H₂	Knospenschuppen in dunkelbraune bis schwarze und trockene Spitze verlängert, welche die Knospen weit überragen	Richtig, siehe I₂ Falsch, siehe H₂H₂

Quércus L. – Eiche

I₂

Abb. 332　　Abb. 333
Quércus cérris　　*Quércus cérris*
Zerr-Eiche　　Zerr-Eiche

97: Quércus cérris L.
Zerr-Eiche
(S. 314)

● Junge Zweige oliv und an der Spitze rauh behaart (Abb. 332); ältere Zweige olivbraun bis dunkelbraun; die Laubblätter bleiben lange in vertrocknetem Zustand an den Zweigen haften

● Knospen rundlich oder spitz-eiförmig und am Triebende gehäuft (Abb. 333)

● Knospenschuppen hellbraun, behaart und in je eine lange dunkelbraune Spitze auslaufend, welche gekrümmt, die Knospe weit überragt (Abb. 332)

● Lentizellen zahlreich, rund und grau

H₂H₂	Knospenschuppe ohne verlängerte Spitze, welche die Knospe überragt	Richtig, siehe I₃ Falsch, zurück zu H₂

I₃	Knospenschuppen meist über die ganzen Flächen weiss behaart und mit sehr breiten, dunkelbraunen bis schwarzen Rändern versehen	Richtig, siehe K₄ (S. 109) Falsch, siehe I₃I₃ (S. 109)

K₄

Abb. 334
Quércus pubéscens
Flaum-Eiche

Abb. 335
Quércus pubéscens
Flaum-Eiche

100: **Quércus pubéscens Willd.**
Flaum-Eiche (S. 320)

● Junge Zweige flaumhaarig und olivgrün bis braun

● Knospen kegelförmig und vorn meist stumpf oder leicht zugespitzt; Seitenknospen abstehend (Abb. 334)

● Knospenschuppen anliegend, rotbraun, mit deutlich schwarzen Rändern und weiss behaart (Abb. 335)

● Lentizellen klein und nur vereinzelt vorhanden

I₃I₃   Knospenschuppen ohne sehr breiten schwarzen Rand (Abb. 337, 338)   Richtig, siehe K₅
Falsch, zurück zu I₃ (S. 108)

K₅   ● Knospenschuppen in fünf bis sechs Reihen übereinander
● Schuppenränder mit schmalem, dunkelbraunem bis schwarzem Rand und langen Wimperhaaren

Richtig, siehe L₉
Falsch, siehe K₅K₅ (S. 110)

L₉

Abb. 336
Quércus petraéa
Trauben-Eiche

Abb. 337
Quércus petraéa
Trauben-Eiche

99: **Quércus petraéa (Matt.) Liebl.**
Trauben-Eiche (S. 318)

● Junge Zweige leicht kantig, kahl, anfangs graugrün, später graubraun mit sich pergamentartig ablösender Epidermis (Abb. 336, 337)

● Knospen kegelförmig, spitz, mehr oder weniger fünfkantig, schlanker als bei Quércus róbur und mit anliegenden Schuppen; an Endknospen meist fadenförmig ausgezogene Schuppen vorhanden (Abb. 337)

● Knospenschuppen hellbraun mit dunkelbraunen Rändern und langen Wimperhaaren (Abb. 337)

● Lentizellen punktartig, hellocker bis grau und zahlreich

| K₅K₅ ● Knospenschuppen in vier bis fünf Reihen übereinander | Richtig, siehe L₁₀ |
| ● Schuppenränder mit schmalem braunem Rand und kurzen Wimperhaaren | Falsch, zurück zu K₅ (S. 109) |

L₁₀

Abb. 338
Quércus róbur
Stiel-Eiche

Abb. 339
Quércus róbur
Stiel-Eiche

101: Quércus róbur L.
Stiel-Eiche
(S. 322)

● Junge Zweige kahl, oft kantig, anfangs oliv, später braunoliv; ältere Zweige durch abgestorbene Epidermis hellgrau oder hellbraun gefärbt (Abb. 338, 339)

● Knospen dick-eikegelförmig, vorn etwas abgerundet und mit anliegenden Schuppen (Abb. 338)

● Knospenschuppen hellbraun, mit schmalem, dunkelbraunem und weiss bewimpertem Rand (Abb. 338)

● Lentizellen klein, weisslich bis hellbraun, punktförmig bis oval und zahlreich

---

| G₉G₉ ● Knospen am Ende der Langtriebe nicht gehäuft | Richtig, siehe H₃ |
| ● Endknospe viel grösser als Seitenknospen | Falsch, zurück zu G₉ (S. 108) |

Sórbus L. – Eberesche

H₃

Abb. 340
Sórbus aucapária
Vogelbeerbaum

Abb. 341
Sórbus aucupária
Vogelbeerbaum

129: Sórbus aucupária L.
Gemeine Eberesche
Vogelbeerbaum
(S. 378)

● Junge Zweige lichtseits grauschwarz, schattenseits ocker; durch abgehobene Epidermis Zweige oft grau gescheckt (Abb. 341)

● Seitenknospen gross, dem Zweig angedrückt und oft einwärts gekrümmt (Abb. 340)

● Knospenschuppen dunkelbraun bis schwarz und weiss-filzig behaart; gegen den Vorfrühling zu sind sie oft kahl; Lentizellen länglich und hellocker

2.2.4. Immergrüne Laubhölzer

A	Laubblätter 2–10 mm lang	Richtig, siehe B Falsch, siehe AA (S. 113)
B	Laubblätter gegenständig (Abb. 344) oder zu mehreren quirlig angeordnet (Abb. 348, S. 112; 350, S. 113)	Richtig, siehe C Falsch, siehe BB (S. 113)
C	Laubblätter gegenständig angeordnet	Richtig, siehe D oder DD Falsch, siehe CC (S. 112)

Callúna Salisb. – Heidekraut, Besenheide

D

20: **Callúna vulgáris (L.) Hull**
Besenheide
(S. 160)

● Aufrechter Strauch von 20–80 cm Höhe

● Laubblätter nadelartig, länglich-eiförmig, vorn abgerundet und zugespitzt und sich dachig überdeckend (Abb. 342, 343)

Abb. 342
Callúna vulgáris
Besenheide

Abb. 343
Callúna vulgáris
Besenheide

Loiseleúria Desv. – Gemsheide, Alpenazalee

DD

64: **Loiseleúria procúmbens (L.) Desv.**
Alpenazalee
(S. 248)

● Niederliegender Zwergstrauch mit 15–45 cm langen Zweigen

● Laubblätter 3–8 mm lang, lederartig, elliptisch und am Rand eingerollt (Abb. 344)

Abb. 345
L. procúmbens
Alpenazalee

Abb. 344
L. procúmbens
Alpenazalee

● Am Ende der Triebe keine eigentlichen Knospen, sondern rötlich bis grünliche Laubblätter aneinander gepresst (Abb. 345)

CC	Laubblätter zu 3–5 quirlig angeordnet	Richtig, siehe D₁
		Falsch, zurück zu C (S. 111)

D₁	Laubblätter bewimpert (Abb. 347)	Richtig, siehe E
		Falsch, siehe D₁D₁

Eríca L. – Erika

E

Abb. 346　　　　Abb. 347
Erica tetrálix　　*Erica tetrálix*
Glockenheide　　Glockenheide

42: Erica tetrálix L.
Glockenheide
(S. 204)

● 15–40 cm hoher Zwergstrauch

● Laubblätter 3–5 mm lang, schmal-lineal, meist zu 4 quirlig angeordnet, gewimpert, mit eingerollten Rändern und mit weisser Rückenrinne (Abb. 347)

● Zweige drüsig behaart (Abb. 346)

D₁D₁	Laubblätter kahl (Abb. 349, 351)	Richtig, siehe E₁ oder E₁E₁ (S. 113)
		Falsch, zurück zu D₁

Erica L. – Erika

E₁

Abb. 348　　　　Abb. 349
Erica cárnea　　*Erica cárnea*
Erika　　　　　　Erika

41: Erica cárnea L.
Erika, Schneeheide
(S. 202)

● Niederliegender, oft mehr oder weniger stark kriechender Zwergstrauch, der bis 80 cm hoch werden kann

● Laubblätter 4–8 mm lang, nadelartig, zu 4 (3) quirlig angeordnet und kahl (Abb. 348)

● Blütenknospen im Herbst vollständig entwickelt; erst aber im Nachwinter nach längerer Ruhepause aufblühend

E_1E_1

43: Erίca vagans L.
Wanderheide
(S. 206)

● Bis 80 cm hoher, stark verzweigter Zwergstrauch

● Laubblätter 4–9 mm lang, nadelartig zu 4–5 quirlig angeordnet und kahl (Abb. 350, 351)

Abb. 350
Erίca vagans
Wanderheide

Abb. 351
Erίca vagans
Wanderheide

BB Laubblätter wechselständig angeordnet   Richtig, siehe C_1
                                                 Falsch, zurück zu B (S. 111)

Émpetrum L. – Krähenbeere

C_1

40: Émpetrum nigrum L.
Krähenbeere
(S. 200)

● 10–45 cm hoher Zwergstrauch mit niederliegenden Ästen

● Laubblätter 4–6 mm lang, lineal, am Rande eingerollt und unterseits mit tiefer Längsfurche (Abb. 353)

● Junge Triebe rötlich überlaufen (Abb. 352)

Abb. 352
Émpetrum nigrum
Krähenbeere

Abb. 353
Émpetrum nigrum
Krähenbeere

AA Laubblätter 1–12 cm lang   Richtig, siehe B_1
                                                 Falsch, siehe AAA (S. 120)

B_1 Laubblätter gegenständig   Richtig, siehe C_2 oder C_2C_2 (S. 114)
       angeordnet (Abb. 354, 355)   Falsch, siehe B_1B_1 (S. 114)

Búxus L. – Buchsbaum

C₂

Abb. 354
Búxus sempervírens
Buchs

19: **Búxus sempervírens L.**
Buchsbaum (S. 158)

- Bis 6 m hoher Strauch oder Baum
- Laubblätter 2–3 cm lang, elliptisch bis eiförmig, im unteren Drittel am breitesten, vorn stumpf oder ausgerandet, löffelartig gewölbt und mit dunkelgrüner Ober- (Abb. 354) und hellgrüner Unterseite
- Zweige leicht vierkantig und mehr oder weniger stark behaart
- Knospen schmal-eiförmig

Víscum L. – Mistel

C₂C₂

Abb. 355
Víscum album
Mistel

150: **Víscum álbum L.**
Mistel
(S. 420)

- Auf verschiedenen Baumarten wachsende, meist kugelige Halbschmarotzer von höchstens 1 m Durchmesser und gabelig verzweigten Ästen (Abb. 355)
- Laubblätter 2–4 cm lang, länglich-eiförmig bis lanzettlich, ganzrandig, derb und beidseitig hellgrün

---

B₁B₁   Laubblätter wechselständig angeordnet   Richtig, siehe C₃
                                                                                                Falsch, zurück zu B₁ (S. 113)

C₃   Auf dem Boden kriechende oder mit Haftwurzeln   Richtig, siehe D₂
      kletternde Sträucher (Abb. 356)   Falsch, siehe C₃C₃ (S. 115)

Hédera L. – Efeu

D₂

Abb. 356
Hédera hélix
Gemeiner Efeu

52: **Hédera hélix L.**
Gemeiner Efeu
(S. 224)

- Laubblätter der blütentragenden Zweige ei-rautenförmig, ganzrandig und lang zugespitzt (Abb. 356)
- Laubblätter an nichtblühenden Zweigen 4–10 cm lang, 3–5 eckig gelappt und ganzrandig

C_3C_3 • Zwergsträucher höchstens 40 cm hoch werdend
• Laubblätter nicht über 2,5 cm lang

Richtig, siehe D_3 oder D_3D_3
Falsch, siehe $C_3C_3C_3$ (S. 116)

Arctostáphylos Adans – Bärentraube

D_3

Abb. 357
A. úva-úrsi
Immergrüne B.

Abb. 358
A. úva-úrsi
Immergrüne B.

12: **Arctostáphylos úva-úrsi (L.) Spreng.**
Immergrüne Bärentraube
(S. 144)

• 5–10 cm hoher Zwergstrauch mit auf dem Boden kriechenden und wurzelnden Zweigen

• Laubblätter 1.5–2 cm lang, verkehrt eiförmig oder verkehrt eilänglich, ganzrandig, beiderseits kahl, lederig, oberseits dunkelgrün und unterseits heller grün mit vertiefter Netzaderung (Abb. 357)

• Im Unterschied zur ähnlichen Preiselbeere Laubblätter am Rande flach und unterseits nicht punktiert (Abb. 358)

Vaccínium L. – Heidelbeere, Preiselbeere

D_3D_3

Abb. 359
V. vítis-idaéa
Preiselbeere

Abb. 360
V. vítis-idaéa
Preiselbeere

147: **Vaccínium vítis-idaéa L.**
Preiselbeere
(S. 414)

• Bis 40 cm hoch werdende Zwergsträucher

• Laubblätter 1–3 cm lang, verkehrt eiförmig oder verkehrt eilänglich, lederig, ganzrandig, am Rande umgerollt und unterseits mit eingedrückten Punkten (Abb. 359)

• Zweige rundlich

| C_3C_3 | Ausgewachsene Sträucher eine Höhe von | Richtig, siehe D_4 |
| C_3 | 40 bis 120 cm erreichend | Falsch, siehe $C_3C_3C_3C_3$ (S. 118) |

| D_4 | Bis 80 cm hoher Strauch mit gefurchten Zweigen und derben, eiförmigen und blattartigen Kurztrieben (Scheinblätter) (Abb. 361) | Richtig, siehe E_2 Falsch, siehe D_4D_4 |

Rúscus L. – Mäusedorn

E_2

Abb. 361
Rúscus aculeátus
Stechender
Mäusedorn

Abb. 362
Rúscus aculeátus
Stechender
Mäusedorn

113: **Rúscus aculeátus L.**
Stechender Mäusedorn
(S. 346)

● 40–80 cm hoher, reichverzweigter Strauch mit ungleich hohen, dunkelgrünen, gerieften Bodentrieben

● Blattartige Kurztriebe 1–3 cm lang, eiförmig und von der Mitte an lang zugespitzt
(Abb. 361, 362)

| D_4D_4 | Bis 120 cm hoher Strauch mit ledrigen, lanzettlichen und bis 12 cm langen Laubblättern und spitz-eiförmigen grünen Knospen | Richtig, siehe E_3 Falsch, siehe $D_4D_4D_4$ (S. 117) |

Dáphne L. – Seidelbast

E_3

Abb. 363
Dáphne lauréola
Lorbeer-Seidelbast

Abb. 364
Dáphne lauréola
Lorbeer-Seidelbast

38: **Dáphne lauréola L.**
Lorbeer-Seidelbast
(S. 196)

● Bis 120 cm hoch werdender Strauch

● Laubblätter bis 12 cm lang und 3 cm breit, lanzettlich, kahl, ledrig und glänzend grün

● Knospen spitz eiförmig
(Abb. 363)

● Knospenschuppen grün und vorn zugespitzt
(Abb. 364)

D₄D₄ D₄	Bis 120 cm hohe Sträucher mit runden Zweigen, elliptisch- bis elliptisch-lanzettlichen, 2–4 cm langen Laubblättern und grossen Endknospen (Abb. 365, 367)
	Richtig, siehe E₄ oder E₄E₄ Falsch, zurück zu D₄ (S. 116)

Rhododéndron L. – Alpenrose

E₄

105: Rhododéndron ferrugíneum L.
Rostblättrige Alpenrose
(S. 330)

● Bis über 1 m hohe Sträucher

● Laubblätter 2–4 cm lang, elliptisch bis lanzettlich, oberseits dunkelgrün und unterseits vollständig mit zuerst gelbrünen, später rotbraunen Drüsenschuppen bedeckt (Abb. 366)

● Endknospen gross und spitz-eiförmig (Abb. 365)

Abb. 365
R. ferrugíneum
Rostblättrige A.

Abb. 366
R. ferrugíneum
Rostblättrige A.

● Innere Knospenschuppen gelblich; äussere Schuppen grün bis gelblich und mit rotbraunen Drüsenschuppen

● Junge Zweige rostig beschuppt

E₄E₄

106: Rhododéndron hirsútum L.
Behaarte Alpenrose
(S. 332)

● 50–100 cm hohe Sträucher

● Laubblätter 1–3 cm lang, elliptisch, abstehend, langhaarig gewimpert, oberseits dunkelgrün und unterseits hellgrün (Abb. 368)

● Endknospen gross und meist eiförmig

Abb. 367
R. hirsútum
Behaarte A.

Abb. 368
R. hirsútum
Behaarte A.

● Knospenschuppen im unteren Teil meist grün, im oberen Abschnitt rot mit braunen oder schwarzen und weiss bewimperten Rändern

C₃C₃ Ausgewachsene Bäume und Sträucher C₃C₃ höher als 150 cm	Richtig, siehe D₅ Falsch, zurück zu C₃ (S. 114)
D₅ Knospen am Ende der Zweige gehäuft (Abb. 370, 372)	Richtig, siehe E₅ oder E₅E₅ Falsch, siehe D₅D₅ (S. 119)

Quércus L. – Eiche

E₅

Abb. 369
Quércus ilex
Stechpalmen-
Eiche

Abb. 370
Quércus ilex
Stechpalmen-
Eiche

98: **Quércus ilex L.**
    Stechpalmen-Eiche
    (S. 316)

● Ausgewachsene Bäume erreichen eine Höhe von 30 m

● Laubblätter 3–8 cm lang und am Rande spitz gezähnt oder glatt

● Junge Laubblätter beidseitig behaart; ältere Blätter oberseits glänzend dunkelgrün

● Knospen eiförmig und vorn abgerundet (Abb. 369)

● Knospenschuppen braun und schwarz berandet oder schwarz; alle über die ganze Fläche weiss oder dunkelgrau behaart (Abb. 369, 370)

E₅E₅

Abb. 371
Quércus suber
Kork-Eiche

Abb. 372
Quércus suber
Kork-Eiche

102: **Quércus suber**
    Kork-Eiche
    (S. 324)

● Bis 25 m hoher Baum

● Laubblätter oval, vorn zugespitzt, mit fein gezähntem Blattrand, dunkelgrüner Ober- und grauweisser Unterseite

● Knospen eiförmig und vorn leicht zugespitzt oder abgerundet (Abb. 371)

● Knospenschuppen dunkelbraun und über die ganze Fläche flaumig behaart (Abb. 371, 372)

D_5D_5 Knospen am Ende der Zweige nicht gehäuft (Abb. 374, 376)	Richtig, siehe E_6 Falsch, zurück zu D_5 (S. 118)
E_6 ● Laubblätter dornig gezähnt und mit stechender Spitze; Altersformen auch ganzrandig	Richtig, siehe F Falsch, siehe E_6E_6

Ilex L. – Stechpalme

F

Abb. 373
Ilex aquifólium
Gem. Stechpalme

Abb. 374
Ilex aquifólium
Gem. Stechpalme

54: **Ilex aquifólium L.**
Gemeine Stechpalme
(S. 228)

● Bis 15 m hohe Bäume oder Sträucher

● Laubblätter 3–7 cm lang, eiförmig bis elliptisch, mit stechenden, mehr oder weniger groben Blattzähnen, stechender Spitze, lederig und oberseits glänzend dunkelgrün

● An älteren Exemplaren Blätter auch ganzrandig

● Blütenstände meist gebüschelt, in den Blattachseln vorjähriger Triebe (Abb. 373)

● Endknospen grünlich oder rötlich und ein- bis zweispitzig (Abb. 374)

E_6E_6 Laubblätter ohne stechende Spitze und nicht dornig gezähnt	Richtig, siehe F_1 oder F_1F_1 (S. 120) Falsch, zurück zu E_6

Laurus L. – Lorbeer

F_1

Abb. 375
Laurus nóbilis
Lorbeer

Abb. 376
Laurus nóbilis
Lorbeer

62: **Laurus nóbilis L.**
Lorbeer
(S. 244)

● Bis 18 m hohe Bäume oder Sträucher

● Laubblätter bis 12 cm lang, länglich-lanzettlich, ganzrandig, lederig, dunkelgrün und stark aromatisch riechend

● Seitenknospen spitz-eiförmig und rot; Endknospen grösser als Seitenknospen und oft etwas gekrümmt (Abb. 375, 376)

Prunus L. – Steinobstbäume

F₁F₁

Abb. 377
P. Laurocérasus
Lorbeer-Kirsche

Abb. 378
P. Laurocérasus
Lorbeer-Kirsche

90: **Prunus laurocérasus**
Lorbeer-Kirsche
(S. 300)

• Bis 6 m hoher Strauch

• Laubblätter 5–12 cm lang, verkehrt-eilänglich, ganzrandig oder zur Spitze hin undeutlich gezähnt, sehr verschieden breit, lederig und oberseits dunkelgrün

• Blattstiele 5–10 mm lang

• Knospen eiförmig oder spitz-eiförmig (Abb. 377, 378)

• Knospenschuppen grün, abgerundet oder zugespitzt und braun berandet (Abb. 380)

AAA Laubblätter nur an ganz jungen Sträuchern vorhanden, sonst zu stechenden, aber ziemlich weichen und grünen Dornen umgewandelt

Richtig, siehe B₂
Falsch, zurück zu A
(S. 111)

Ulex L. – Stechginster

B₂

Abb. 379
Ulex europaēus
Stechginster

142: **Ulex europaēus L.**
Stechginster
(S. 404)

• Sparriger, bis 2 m hoher, reichverzweigter, stark stechender und blattloser Dornenstrauch mit grünen und gefurchten Zweigen

• Laubblätter und Kurztriebe zu stechenden, aber ziemlich weichen und grünen Dornen umgewandelt (Abb. 379)

3. Alphabetische Reihenfolge der 150 Baum- und Straucharten

Ábies alba Mill.	Sapin, Sapin commun	1
(A. pectinata [Lam.] DC)	Abete bianco	
Tanne	Silver Fir	Seite 27

Verbreitung: Mittel- und südeuropäische Gebirgspflanze
Standort: Ursprünglich montan (hauptsächlich 700–1400 m), selten subalpin; in schattigen Lagen (West- und Nordhängen) mit hoher Luftfeuchtigkeit Bestände bildend
Baumhöhe: Bis 55 m hoher Baum mit einem max. Durchmesser von 2,5 m

Hohe Bäume mit regelmässig quirlig gestellten und mehr oder weniger horizontal abstehenden Ästen und Zweigen, einer zuerst kegelförmigen, später zylindrischen Krone und einer langen Pfahlwurzel; im Alter überragen die Seitenäste meist den Gipfeltrieb (Storchennestform)

Die Tanne ist gegen Verunreinigungen der Luft sehr empfindlich, daher nichts für Städte

Nadeln oberseits ohne oder nur an der Spitze mit Spaltöffnungslinien, einer Lebensdauer von 7–11 Jahren und niemals stechend

▶
Links oben:
Endknospen (6 mm)
Rechts oben:
Nadelunterseite und Ansatzstelle
Mitte links:
Nadelober- und Unterseite
Links unten:
Zweigoberseite
Rechts unten:
Zweigausschnitt mit Unterseite der Nadeln

▲
Junge Zweige graubraun und reichlich behaart; ältere Zweige kahl

F	R	N	H	D	S	L	T	K	W	A	B	C
4w	3	3	4	5	–	1	3	2	i	–	–	–

Acer campéstre L.	Érable champêtre	2
	Acero campestre, oppio	
Feld-Ahorn	Common maple	Seite 46

Verbreitung: Europäisch-westasiatische Pflanze
Standort: Kollin und montan; häufig in krautreichen Laubmischwäldern, an Waldrändern und in Hecken
Baumhöhe: Bis 20 m hoher Baum

Endknospen eiförmig, vorn abgerundet oder leicht zugespitzt und etwas grösser als die Seitenknospen

Seitenknospen am Zweig kreuzgegenständig angeordnet, eiförmig, vorn meist abgerundet oder leicht zugespitzt und anliegend (an kräftigen Langtrieben auch abstehend)

Knospenschuppen rotbraun, meist mit einem schwarzen Streifen quer durch die Mitte und wollig behaart

Lentizellen spindelförmig, längsgestreckt, zuerst hell, später grau und unauffällig

Blattnarben schmal und mit 3 deutlichen Blattspuren versehen.

▲
Zweige monopodial wachsend; junge Zweige braun und behaart, später deutlich längsrissig und kahl

▶
Links und rechts oben, Mitte:
Endknospen (5–7 mm)
Oben Mitte:
Knospen mit altem Blütenstandstiel
Links und rechts unten:
Seitenknospen (4 mm)

F	R	N	H	D	S	L	T	K	W	A	B	C
3	4	3	3	4	–	3	4	2	p	–	+	+

Acer monspessulánum L.	Érable de Montpellier	3
Französischer Ahorn	Acero piccolo	
	Muntpelier maple	Seite 46

Verbreitung: Mediterrane Pflanze
Standort: Kollin; auf kalkreichen Böden in heissen Lagen, in Flaumeichenwäldern und an sonnigen Felshängen (Im Kaukasus bis 1700 m)
Baumhöhe: Bis 5 m hoher Baum

Endknospen spitz-eiförmig und die Seitenknospen an Grösse überragend

Seitenknospen am Zweig kreuzgegenständig angeordnet, schmal und spitz-eiförmig und dem Zweig anliegend; Seitenknospen an Kurztrieben abstehend

Knospenschuppen dunkelbraun mit schwarzen Flecken, oben abgerundet oder zugespitzt und untere Schuppen anfangs behaart, später verkahlend

Blattnarben dreispurig

▶
Oben:
Endknospe und 1. Seitenknospenpaar
(13 mm/6 mm)
Links Mitte:
Ältere (Februar 1982)
Seitenknospen
Rechts Mitte:
Jüngere (Herbst 1981)
Seitenknospen (8 mm)
Unten:
Seitenknospen an Kurztrieben

▲
Junge Zweige dunkeloliv, um die Knospen anfangs leicht behaart und monopodial wachsend

F	R	N	H	D	S	L	T	K	W	A	B	C
2	4	2	3	3	–	3	5	3	p	–	+	+

Acer ópalus Mill.   Érable à feuilles d'obier   **4**
(A. opulifolium Chaix)   Acero napolitano
Schneeballblättriger Ahorn   Italien maple   Seite 47

Verbreitung: Westmediterrane Pflanze
Standort: Kollin, selten montan; in warmen Lagen auf kalkreichen Böden, in Laubwäldern mit Buchs und in Flaumeichenwäldern
Baumhöhe: Bis 10 m hoher Baum

Endknospen spitz-eiförmig und die Seitenknospen an Grösse übertreffend

Seitenknospen am Zweig kreuzgegenständig angeordnet, schmal, spitz-eiförmig und vom Zweig abstehend

Knospenschuppen hellbraun mit dunkelbraunem und oft weiss bewimpertem Rand, der grösste Teil der Fläche grauweiss behaart und oben zugespitzt

Blattnarben dreispurig

▲
Junge Zweige olivbraun, bereits früh längsrissig, kahl und monopodial wachsend

▶
Oben:
Endknospen ohne und mit oberstem Seitenknospenpaar (11 mm/8 mm)
Unten:
Seitenknospen (8 mm)

F	R	N	H	D	S	L	T	K	W	A	B	C
2	4	3	3	2	–	3	5	3	p	–	–	+

Acer platanoïdes L. **Érable plane** 5
                        Acero platano
Spitz-Ahorn   **Norway maple**   Seite 47

Verbreitung: Europäisch-westasiatische Pflanze
Standort: Kollin und montan; in luftfeuchten Lagen, vor allem in Schlucht-, Auen-, Eichen-, Hagebuche-, Bergahorn-, Eschen- und Lindenmischwäldern
Baumhöhe: Bis 30 m hoher Baum

Endknospen schmal bis breit-eiförmig, oben zugespitzt und das Seitenknospenpaar an Grösse überragend

Seitenknospen am Zweig kreuzgegenständig angeordnet, schmal-eiförmig, oben zugespitzt und dem Zweig anliegend

Knospenschuppen weinrot, kahl, zugespitzt und mit hellem Wimpersaum

Blattnarben dreispurig

▶
Links oben:
Endabschnitt eines Langtriebes
Rechts oben und Mitte:
Zwischen letztem Knospenpaar grössere Endknospe eingebettet
(2 mm/5 mm/9 mm)
Links unten:
Seitenknospen
(Schatten- und Sonnenseite) (6 mm)
Links unten:
Knospen an Kurztrieb
(9 mm)

▲
Junge Zweige lichtseits hell rötlichbraun, schattenseits olivbraun, kahl und monopodial wachsend

F	R	N	H	D	S	L	T	K	W	A	B	C
3	4	3	3	4	–	2	4	2	p	–	–	+

Acer pseudoplatanus L. **Sycomore** 6
(A. montanum Lam.) **Acero montano**
Berg-Ahorn, Weiss-Ahorn **Sycamore** Seite 48

Verbreitung: Europäisch-westasiatische Pflanze
Standort: Kollin, montan und subalpin bis zur Waldgrenze; in Lagen mit grosser Luftfeuchtigkeit (Bachufer, Schutthalden, Nadelwälder u. a.)
Baumhöhe: Bis 30 m hoher Baum

Endknospen spitz-eiförmig und die Seitenknospen an Grösse überragend

Seitenknospen am Zweig kreuzgegenständig angeordnet, spitz-eiförmig und vom Zweig abstehend

Knospenschuppen gelbgrün bis grün, braun bis braunschwarz berandet, mit feinem und weissem Wimpersaum, zuweilen etwas gekielt und zugespitzt

Blattnarben dreispurig

▶
Links und rechts oben:
End- und Seitenknospen mit älterer und frischer Blattnarbe
(15 mm/4–7 mm)
Mitte:
Oberstes Knospenpaar mit Endknospe
(13 mm/8 mm)
Links und rechts unten:
Seitenknospen
(Sonnenseite, Schattenseite) (9 mm)

▲
Junge Zweige gelbbraun, oliv bis grau, kahl und monopodial wachsend

F	R	N	H	D	S	L	T	K	W	A	B	C
3w	3	3	3	4	–	2	3	2	p	–	+	+

Aésculus hippocástanum L. **Marronier d'Inde** 7
(Hippocástanum vulgáre Gaertn.) Castagne di cavalle
Rosskastanie Hors-chestnut Seite 45

Verbreitung: Ursprünglich eine südeuropäisch-westasiatische Pflanze
Standort: Kollin und montan; Zierbaum in Gärten, Parks und Alleen
Baumhöhe: Bis 30 m hoher Baum

Endknospen breit-kegelförmig und die Seitenknospen an Grösse überragend

Seitenknospen spitz-eiförmig und dem Zweig anliegend oder von diesem abstehend

Knospenschuppen olivbraun, von Knospenleim stark klebrig, glänzend, mit einem gelbbraunen oder dunkelbraunen Saum und kahl

Blattnarben vielspurig

▲
Junge Zweige oliv, grau bis graubraun, kahl und monopodial wachsend

▶
Links oben:
End- und Seitenknospen
(17 mm/8 mm)
Rechts oben:
Seitenknospe mit älterer Blattnarbe
Links und rechts unten:
Abstehende und anliegende Seitenknospen
(12 mm/11 mm)

F	R	N	H	D	S	L	T	K	W	A	B	C
3	3	3	3	4	–	2	4	2	p	–	–	+

Alnus glutinósa (L.) Gaertn.	Aune commun, A. noir	8
(A. rotundifolia Mill.)	Ontano nero	
Schwarz-Erle, Roterle	Black alder	Seite 78

Verbreitung: Eurosibirische Pflanze
Standort: Kollin und montan; vor allem in Erlenbruchwäldern, an Bach- und Flussufern und als Pionier auf Mooren
Baumhöhe: Bis 20 m hoher Baum

Endknospen schmal, verkehrt-eiförmig und nicht grösser als Seitenknospen

Seitenknospen schmal, verkehrt-eiförmig, deutlich gestielt, vom Zweig meist abstehend und von 2 sichtbaren Schuppen umgeben

Knospenschuppen braunrot bis braunviolett, kahl, durch Wachsausscheidungen grau punktiert und meist klebrig

Blattnarben dreispurig

▲
Junge Zweige zimtbraun, rötlich bis braungrün, an der Spitze oft leicht behaart und monopodial wachsend

▶
Links und rechts oben: Ungestielte oder nur wenig gestielte Endknospen (9 mm)
Mitte und links unten: Ältere und deutlich gestielte Seitenknospen (9 mm/8 mm)
Rechts unten: Jüngere Seitenknospen (Herbst 1981)

F	R	N	H	D	S	L	T	K	W	A	B	C
5w	3	4	4	5	+	3	4	3	p	–	–	–

Alnus incána (L.) Moench **Aune blanc** 9
(A. lanuginósa Gilib.) Ontano bianco
Grau-Erle Speckled alder Seite 79

Verbreitung: Europäische Pflanze
Standort: Kollin, montan, seltener subalpin; in Auenwäldern, Lawinenzügen, moorigen Wäldern, an feuchtschattigen Bergabhängen, an Ufern u. a.
Baum-/Strauchhöhe: Strauch, oder bis 10 m (25 m) hoher Baum

Endknospen stumpf- oder spitz-eiförmig und nicht grösser als Seitenknospen

Seitenknospen eiförmig, deutlich gestielt, meist anliegend und selten klebrig

Knospenschuppen rotviolett, zuerst dicht behaart und später kahl

Blattnarben mit drei Blattspuren, die hin und wieder zusammenlaufen

Junge Zweige graugrün bis rotviolett, an der Spitze meist deutlich behaart und monopodial wachsend

Oben: Endknospen (8 mm)
Links unten: Je 2 Seitenknospen an jüngerem und älterem Zweigausschnitt

F	R	N	H	D	S	L	T	K	W	A	B	C
4↑w	4	4	3	4	–	3	3	3	p	–	–	–

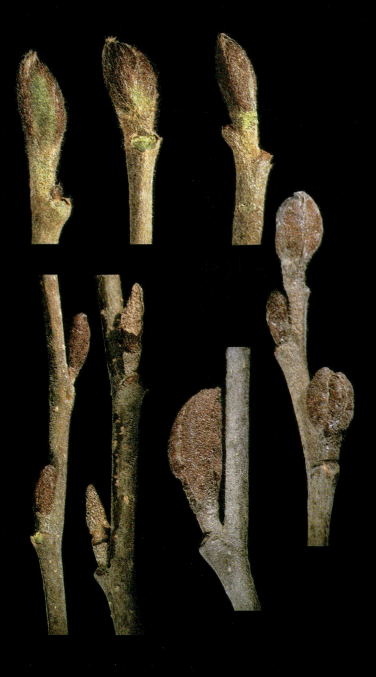

Alnus víridis (Chaix) DC   Aune vert   10
(Bétula víridis Chaix)   Alno verde
Grün-Erle, Alpen-Erle   Green alder   Seite 80

Verbreitung: Mittel- und südosteuropäische Gebirgspflanze
Standort: Montan und subalpin bis zur Waldgrenze; an schattigen und feuchten Abhängen, Bächen, in Gräben, Runsen, Lawinenzügen und an Rutschhängen (Bodenbefestiger)
Strauchhöhe: Bis 3 m hoher Strauch

Endknospen schmal, spitz-eiförmig und nicht grösser als Seitenknospen

Seitenknospen schmal, eiförmig bis kegelförmig, meist stark zugespitzt und vom Zweig abstehend

Knospenschuppen grün bis rotviolett, glänzend, etwas klebrig und kahl

Blattnarben mit variabler Blattspurenzahl

▶

Links oben:
End- und Seitenknospe an Langtrieb (Sonnenseite) (9 mm/9 mm)
Rechts oben:
Knospen an Kurztrieben (Schattenseite) (8 mm)
Mitte:
Seitenknospe an Kurztrieb (7 mm), Seitenknospen an Langtrieben (Sonnen- und Schattenseite) (8 mm)

▲
Junge Zweige lichtseits rotviolett, schattenseits graubraun bis olivbraun, etwas zusammengedrückt und monopodial wachsend

F	R	N	H	D	S	L	T	K	W	A	B	C
4w	3	4	3	5	–	4	2	2	n	–	–	–

Amelánchier ovális Med.	Néflier des rochers	**11**
(A. vulgáris Moench)	Pero corvino	
Gemeine Felsenbirne	Garden serviceberry	Seite 105

Verbreitung: Europäisch-südwestasiatische Gebirgspflanze
Standort: Kollin, montan und subalpin; oft an warmen, steilen Hängen, in Felsspalten, lichten Gebüschen, lichten und sonnigen Eichen-, Fichten- und Föhrenwäldern
Strauchhöhe: Bis 3 m hoher Strauch

Endknospen sehr lang, schmal-kegelförmig, oft mit gekrümmter Spitze und grösser als Seitenknospen

Seitenknospen schmal-kegelförmig, dem Zweig anliegend und diesem mit der Spitze zugekehrt

Knospenschuppen rot, purpur bis rötlichbraun, mit hell- oder dunkelbraunem Rand, meist zugespitzt und oft dicht und lang behaart

Blattnarben dreispurig

▶

Links oben:
End- und Seitenknospen
(Sonnenseite/Schattenseite) (11 mm/7 mm)
Rechts oben:
Deutlich behaarte Endknospe (11 mm)
Rechts Mitte:
Seitenknospe an Kurztrieb (8 mm)
Links unten:
Unbehaarte Seitenknospe (8 mm)
Rechts unten:
Behaarte Seitenknospe und am Zweig sich abhebende Epidermis (7 mm)

▲
Junge Zweige olivbraun bis rotbraun, an der Spitze meist etwas behaart und sympodial wachsend

F	R	N	H	D	S	L	T	K	W	A	B	C
2	4	2	2	X	–	4	3	3	n	–	+	+

Arctostáphylos úva-úrsi (L.) Sprengel	Busserole, Raisin-d'Ours	12
(Úva-úrsi procumbens Moench)	Uva d'orso, Uva ursina	
Immergrüne Bärentraube	Common bearberry	Seite 115

Verbreitung: Eurosibirisch-nordamerikanische Pflanze
Standort: Montan, subalpin und alpin, seltener kollin; Kriechstrauch-Pionier auf sandigen, steinigen oder felsigen und trockenen Rohböden in sonnigen Lagen
Strauchhöhe: Sparriger Spalierstrauch von höchstens 40 cm Höhe

Laubblätter oval, mit der grössten Breite oberhalb der Mitte, ganzrandig, derb, immergrün, mit nicht verdicktem und flachem Rand, olivgrün, beidseitig mit nicht vorstehendem Nervennetz, vorn stumpf oder schwach ausgerundet und beiderseits kahl

Blattstiel ungefähr 1 mm lang und wie die Blattränder schwach behaart

Seitenknospen schmal, spitz-eiförmig und dem Zweig meist anliegend

▲
Junge Zweige hellgrün bis rötlichbraun und meist fein bewimpert

▶
Links und rechts oben: Endabschnitt zweier Zweige (Rückseite und Vorderseite der Blätter) mit Blütenknospen und seitlichen Blattknospen (2–3 mm/3 mm)
Mitte: Unter- und Oberseite eines Blattes
Links und rechts unten: Seitenknospen (3–4 mm)

F	R	N	H	D	S	L	T	K	W	A	B	C
2	3	2	3	3	–	3	2	4	z	+	–	–

Berberis vulgáris L.
Sauerdorn, Berberitze

Vinettier, Épine-vinette
Crespino, berberi
Barberry

13

Seite 64

Verbreitung: Südeuropäisch-westasiatische Pflanze
Standort: Kollin, montan und subalpin; verbreitet auf meist steinigen und trockenen Böden in sonniger Lage (lichte Laubwälder, Föhrenwälder)
Strauchhöhe: Bis 3 m hoher Strauch

Endknospen eiförmig bis eikugelig, vorn meist stumpf und meist die gleiche Grösse wie Seitenknospen aufweisend

Seitenknospen eiförmig, stumpf, meist vom Zweig abstehend, und bei Langtrieben in der Achsel eines 1–7 fachen Dornes (= umgewandelte Laubblätter)

Knospenschuppen hell- bis dunkelbraun, vorn meist zugespitzt und nackt; bei Langtrieben an Stelle der Laubblätter bis 3 cm lange Dornen

Blattnarben klein und dreispurig

▲
Junge Zweige hellbraun, kantig, an der Basis reich bedornt, kahl und sympodial wachsend

▶
Links oben:
Endknospen (5 mm)
Rechts oben:
Endknospe (7 mm)
Links unten:
Seitenknospe (6 mm) in der Achsel eines Dornes (bis 2 cm)
Rechts unten:
Seitenknospe (7 mm)

F	R	N	H	D	S	L	T	K	W	A	B	C
2	4	2	3	3	–	3	3	4	n	–	–	+*

Bétula húmilis Schrank	Bouleau	14
Strauch-Birke,	–	
nordische Birke	Shrubby birch	Seite 85

Verbreitung: Eurosibirische Pflanze
Standort: Montan; auf nährstoffarmen, extrem sauren und staunassen Torfböden (Hochmoore) und auf weniger sauren Böden (versauerte Flachmoore)
Strauchhöhe: Bis 3 m hoher Strauch

Endknospen eiförmig, vorn meist abgerundet und an Grösse die Seitenknospen nur wenig oder überhaupt nicht überragend

Seitenknospen eiförmig bis zylindrisch, vorn abgerundet und am Zweig anliegend

Knospenschuppen braun bis dunkelbraun, schwarz berandet, oft mit schwarzen Querstreifen und weiss behaart

Blattnarben klein und meist dreispurig

▶
Links oben:
End- und Seitenknospen
(4–6 mm)
Rechts oben:
End- und Seitenknospen und junge männliche Blütenstände
Mitte:
Seitenknospen
(4–6 mm) mit zahlreichen Warzen
Links unten:
Seitenknospen und männliche Blütenstände
Rechts unten:
Anliegende Seitenknospe (4 mm)

▲
Junge Zweige hellbraun bis grau, leicht behaart, reich mit Harzdrüsen besetzt und sympodial wachsend

F	R	N	H	D	S	L	T	K	W	A	B	C
5	2	1	5	5	–	4	3	4	n	–	–	

Bétula nána L.
(Alnus nána Clairville)
Zwerg-Birke, Alpenbirke

Bouleau nain
–
Dwarf arctic birch

15

Seite 87

Verbreitung: Eurosibirisch-nordamerikanische Pflanze
Standort: Montan; auf nährstoffarmen, extrem sauren und staunassen Torfböden (Hochmoore, Torfbrüche)
Strauchhöhe: Bis 1 m hoher, reich verzweigter und niederliegender Zwergstrauch

Endknospen kugelig, sehr klein und die gleiche Grösse wie Seitenknospen aufweisend

Seitenknospen kugelig und dem Zweig anliegend

Knospenschuppen dunkelbraun, oft mit schwarzen Querstreifen, mit schwarz- und weissbehaarten Rändern und vorn meist eingekerbt

Blattnarben sehr klein und meist dreispurig

▶
Links oben:
Endknospen (1–2 mm)
Oben Mitte:
End- und Seitenknospen
(1–2 mm)
Rechts oben:
End- und Seitenknospe
Links unten:
Anliegende Seitenknospe
Rechts unten:
Seitenknospen an Kurztrieben

▲
Junge Zweige braun bis graubraun, reichlich behaart und sympodial wachsend

F	R	N	H	D	S	L	T	K	W	A	B	C
5	1	1	5	5	–	4	3	3	n	–	–	–

Bétula nigra Murith   **Bouleau noir**   **16**
[B. pubéscens var. Murithii (Gaud.)]   **Betulla nero**
Schwarz-Birke, Fluss-Birke   **Black-Birch**   Seite 85

Verbreitung: Eurosibirische Pflanze; nach NATHO (1959) handelt es sich um einen Bastard zwischen B. péndula und B. pubéscens, selektioniert aus Bastardschwärmen
Standort: Kollin und montan
Baumhöhe: Bis 20 m hoher Baum

Endknospen spitz-eiförmig, oft leicht gekrümmt und nicht viel grösser als die Seitenknospen

Seitenknospen spitz-eiförmig, dem Zweig eng anliegend und mit der Spitze dem Zweig zugewandt

Knospenschuppen gelblich bis braunrot oder graubraun und schwach behaart

Balttnarben klein und dreispurig

Junge Zweige rotbraun bis grau, behaart und sympodial wachsend

Links oben:
End- und Seitenknospe (8 mm)
Rechts unten:
2 Seitenknospen; jüngerer und älterer Zweigabschnitt (7–9 mm)

F	R	N	H	D	S	L	T	K	W	A	B	C
3	X	2	X	X	–	4	3	3	p	–	–	–

Bétula péndula Roth	Bouleau verruqueux, B. commun	17
(B. verrucosa Ehrh.)	Betulla bianca	
Weiss-Birke, Hänge-Birke	Silver Birch	Seite 86

Verbreitung: Eurosibirische Pflanze
Standort: Kollin, montan und subalpin; in der kollinen Stufe in den Eichen- und Birkenwäldern und in höheren Lagen vor allem auf extremen Standorten
Baumhöhe: Bis 25 m hoher Baum

Knospen oft an der Spitze von ausgeschiedenem Sekret glänzend

Endknospen schmal-eiförmig, vorn zugespitzt und nicht grösser als Seitenknospen

Seitenknospen schmaleiförmig, vom Zweig abstehend und bis 8 mm lang

Knospenschuppen braun und vorn abgerundet

Blattnarben klein und dreispurig

▶

Links oben:
End- und Seitenknospen
Oben Mitte:
2 junge männliche
Blütenstände (2 cm)
Rechts oben:
End- und Seitenknospe
(6 mm)
Links unten:
Seitenknospe an Kurztrieb (7 mm)
Rechts unten:
Seitenknospe an älterem Kurztrieb (6 mm)

▲
Junge Zweige braunrot glänzend, meist mit sehr kurzen Haaren besetzt und sympodial wachsend

F	R	N	H	D	S	L	T	K	W	A	B	C
X	X	2	X	X	–	4	3	3	p	–	+	–

Bétula pubéscens Ehrh. **Bouleau pubescent** 18
(B. alba L. p. p.) **Betulla pubescente**
Moor-Birke, Haar-Birke **Pubescent Birch** Seite 86

Verbreitung: Eurosibirische Pflanze
Standort: Kollin, montan und subalpin; in tieferen Lagen nur auf feuchten bis staunassen und sehr sauren Böden
Baumhöhe: Bis 30 m hoher Baum

Endknospen spitz-eiförmig, nicht viel grösser als Seitenknospen und meist etwas gebogen

Seitenknospen spitz-eiförmig bis verkehrt-eiförmig, vorn abgerundet oder zugespitzt, meist gebogen und dem Zweig anliegend oder von diesem abstehend

Knospenschuppen grau bis graubraun, oft auch grünbraun, vorn meist abgerundet und an den Rändern weiss bewimpert

Blattnarben klein und dreispurig

Links oben:
End- und Seitenknospe (6 mm)
Oben Mitte:
Ältere und jüngere Seitenknospe (8 mm/6 mm)
Rechts oben:
Endknospe (8 mm)
Links unten:
Seitenknospe an jungem Kurztrieb (9 mm)
Rechts unten:
Seitenknospe an älterem Kurztrieb (7 mm)

Junge Zweige braun, an der Spitze dicht behaart, mit wenigen Harzdrüsen und sympodial wachsend

F	R	N	H	D	S	L	T	K	W	A	B	C
4w	X	2	4	5	–	4	3	3	p	–	–	–

Búxus sempervírens L.	Buis commun, Buis bénit	19
	Bosso	
Immergrüner Buchsbaum	Common box	Seite 114

Verbreitung: Südeuropäisch-westasiatische Pflanze
Standort: Kollin und montan; zerstreut, aber meist in grösseren Ansammlungen an warmen, ziemlich trockenen Orten mit milden Wintern in Laubmischwäldern und Trockenwiesen
Strauchhöhe: Bis 2 m (im Kaukasus bis 16 m); bei uns häufig angepflanzt

Laubblätter gegenständig, kurz gestielt, schmal eiförmig, vorn abgerundet, mit etwas eingebogenen Rändern, ledrig, Oberseite glänzend dunkelgrün und Unterseite matt bleichgrün

Blattknospen schmal eiförmig, dem Zweig anliegend, in der Achsel der Laubblätter oder am Ende der Triebe gehäuft

Blütenknospen kugelig

Knospenschuppen grün, vorn meist mit braunen Flecken und abgerundet

▲
Junge Zweige kurz behaart, olivgrün, kantig und sympodial wachsend

▶
Oben:
Blütenknospen (5 mm)
Links unten:
Seitenknospe und Blattunterseiten (7 mm)
Rechts unten:
Laubblattknospen am Ende des Zweiges
(5–7 mm)

F	R	N	H	D	S	L	T	K	W	A	B	C
2	4	2	3	2	–	3	5	2	i	–	+	–

Callúna vulgáris (L.) Hull	Bruyère commune
(Eríca vulgáris L.)	Erica minore
Besenheide, Heidekraut, Besenkraut	Common Heather

Verbreitung: Europäische Pflanze
Standort: Kollin, montan, subalpin und alpin; in Zwergstrauchgesellschaften, mageren Weiden, lichten und trockenen Wäldern, Sanddünen und Mooren; Bestände bildend
Strauchhöhe: Bis 80 cm (1 m) hoher Zwergstrauch

Zwergstrauch mit niederliegenden, wurzelnden Sprossen und bogig aufsteigenden, reich verzweigten und dicht stehenden Ästen

Laubblätter vierzeilig angeordnet, sich dachziegelartig überdeckend, ganzrandig, am Rand fein bewimpert, nach oben eingerollt und am Grunde mit 2 langen, spitzen und abwärts gerichteten Spornen oder Öhrchen versehen

▲
Junge Zweige gelbgrün bis gelbbraun und sympodial wachsend

▶
Oben:
Sich dachziegelartig deckende Laubblätter (je 3 mm)
Mitte rechts:
Neuer Zweigabschnitt (noch grün gefärbt)
Links unten:
Zweigausschnitt

F	R	N	H	D	S	L	T	K	W	A	B	C
3	1	1	5	4	–	3	3	3	z	+	–	+

Cárpinus bétulus L.	Charme	21
	Carpino bianco	
Weissbuche, Gemeine Hainbuche	Hornbeam	Seite 57

Verbreitung: Europäisch-südwestasiatische Pflanze
Standort: Kollin, seltener montan; Charakterart der Eichen-Hagebuchenwälder
Baumhöhe: Bis 20 m hoher Baum

Endknospen schmal-eiförmig bis spitz-kegelförmig, selten grösser als Seitenknospen und oft mit gekrümmter Spitze (keine echte Endknospe!)

Seitenknospen schmal-eiförmig bis spitz-kegelförmig, dem Zweig eng anliegend und mit der Spitze dem Zweig meist zugekehrt

Knospenschuppen hellbraun bis dunkelbraun, vorn vielfach dunkelbraun bis schwarz, meist abgerundet und oft dunkel berandet; junge Schuppen zottig bewimpert

Blattnarben dreispurig

▶

Links oben:
Junge End- und Seitenknospen (7 mm)
Rechts oben:
Ältere End- und Seitenknospe (9 mm)
Mitte:
Seitenknospen an älterem und jüngerem Zweig
Links unten:
Junge Seitenknospe
Rechts unten:
Ältere Seitenknospe

▲
Zweige lichtseits braun, schattenseits olivgrün, Langtriebe zickzackförmig gekrümmt und sympodial wachsend.

F	R	N	H	D	S	L	T	K	W	A	B	C
3	3	3	4	4	–	2	4	3	p	–	+	–

Castánea satíva Mill.	Châtaignier	22
(C. vesca Gaertn.)	Castagno	
Edel-Kastanie	Spanish chestnut	Seite 55

Verbreitung: Wahrscheinlich eine südwestasiatische Pflanze (Kleinasien und Kaukasus)

Standort: Kollin, seltener montan; im insubrischen Gebiet waldbildend, nördlich der Alpen in Gebieten mit Weinklima und in Föhntälern in Gruppen oder einzeln gepflanzt

Baumhöhe: Bis 35 m hoher Baum

Knospen mit 2 sichtbaren und ungleich grossen Schuppen; die innere reicht bis über die Konspenspitze

Seitenknospen gedrungen eiförmig, vorn zugespitzt, vom Zweig abstehend und schief über der Narbe sitzend; eine echte Endknospe fehlt

Knospenschuppen gelbbraun bis braunrot, kurz behaart, vorn abgerundet und meist mit einem dunklen Rand

Blattnarben gross mit zahlreichen kreisförmig angeordneten Blattspuren

▲
Junge Zweige an der Spitze dicht mit kurzen Haaren besetzt, später kahl und sympodial wachsend

►
Links oben:
Seitenknospen (5 mm)
Rechts oben:
Seitenknospe (6 mm)
Links unten:
Vielspurige Blattnarbe
Rechts unten:
Seitenknospen
(zweizeilig)

F	R	N	H	D	S	L	T	K	W	A	B	C
3	2	2	4	3	–	3	5	2	p	–	+	+

Céltis austrális L.	Micocoulier de Provence	23
	Arcidiavolo, Bagolare	
Südlicher Zürgelbaum	European Hackberry	Seite 57

Verbreitung: Mediterrane Pflanze
Standort: Kollin; zerstreut auf trockenen und felsigen Hängen in heissen Lagen, felsigen Abhängen, in Hecken, an Strassenrändern und nur südlich der Alpen
Baum-/Strauchhöhe: Strauchartig oder bis über 20 m hoher Baum

Endknospen kegelförmig, stark gekrümmt und nicht grösser als Seitenknospen

Seitenknospen schmal kegelförmig, dem Zweig eng anliegend und diesem mit der Spitze zugekehrt

Knospenschuppen rot bis rotbraun und oft leicht behaart

Blattnarben dreispurig

▲
Junge Zweige oliv bis rotbraun, an der Spitze deutlich behaart und sympodial wachsend

▶
Links oben:
End- und Seitenknospe (4 mm)
Rechts oben:
Seitenknospe (4 mm)
Unten Mitte:
Streng zweizeilig gestellte Knospen (je 4 mm)

F	R	N	H	D	S	L	T	K	W	A	B	C
2	3	3	3	3	–	3	5	2	p	–	–	–

Cércis siliquástrum	Arbre de Judée	24
Judasbaum	Albero di Giuda, Siliquastro	
	Judas tree	Seite 99

Verbreitung: Südeuropäisch-westasiatische Pflanze
Standort: Kollin; in lichten Wäldern und Gebüschen warmer Lagen auf kalkhaltigen Böden
Baum-/Strauchhöhe: 2–8 m hoher Baum oder Strauch

Endknospen schmalkegelförmig, deutlich gekrümmt und nicht oder nur kaum grösser als Seitenknospen

Seitenknospen spitz-eiförmig, dem Zweig eng anliegend und diesem sehr oft mit der Spitze zugekehrt

Knospenschuppen dunkelbraun, oft mit einem breiten Querband in der Mitte der Schuppe, abgerundet oder spitz und kahl

Blattnarben dreispurig

▲
Junge Zweige olivgrün bis glänzend rotbraun, kahl und sympodial wachsend

▶
Links und rechts oben:
Endknospen (5–8 mm)
Mitte:
Seitenknospe mit dreispuriger Blattnarbe
Links und rechts unten:
Seitenknospen
(5 mm/7 mm)

F	R	N	H	D	S	L	T	K	W	A	B	C
2	4	2	3	2	–	3	5	2	p	–	–	+*

Clématis alpína (L.) Mill.   **Atragène des alpes**   25
(Atragene alpína L.)   Atragene
Alpenrebe, Alpenwaldrebe   **Alpine clematis**   Seite 37

Verbreitung: Mittel- und südeuropäische Gebirgspflanze
Standort: Subalpin, seltener montan; auf Felsen, in Schutthalden, Gebüschen, lichten Nadelwäldern und schattigen Schluchten
Strauchhöhe: 0,3–2 m langer und kletternder Schlingstrauch

Knospen am Ende der Zweige länglich- bis breit-eiförmig, vorn abgerundet oder zugespitzt und nicht viel grösser als Seitenknospen

Seitenknospen länglich-eiförmig, mit der grössten Breite im unteren Teil, lang zugespitzt und vom Zweig deutlich abstehend

Knospenschuppen zuerst hellbraun, später dunkelbraun, immer mit breiten schwarzen Rändern, gekielt und lang zugespitzt

Blattnarben keine vorhanden, da Blattstiele an den Zweigen bleiben

▶
Links und rechts oben:
Ältere Knospen am
Ende eines Zweiges
(5 mm)
Links Mitte:
Sehr junge Knospen am
Ende des Zweiges mit
noch grünen Blattstielen
(6 mm)
Links unten:
Ältere Seitenknospen
(6 mm)
Rechts unten:
Sehr junge Seitenknospen (7 mm)

▲
Junge Zweige braunrot, später grauschwarz,
fein behaart und monopodial wachsend

F	R	N	H	D	S	L	T	K	W	A	B	C
3	3	2	4	3	–	3	2	3	n	–	–	–

Clématis vitálba L. **Clématite des haies, C. des bois** 26
 Clematide
Gewöhnliche Waldrebe **Traveler's-joy** Seite 37

Verbreitung: Europäische Pflanze
Standort: Kollin und montan, seltener subalpin; in Auenwäldern, Waldschlägen, Gebüschen, Hecken und an Waldrändern
Strauchhöhe: Bis 8 m hoch windender und kletternder Strauch

Knospen rundlich bis spitz-eiförmig und vom Zweig abstehend

Knospenschuppen braunrot, rotviolett oder dunkelbraun, ohne breite schwarze Ränder und vorn meist zugespitzt

Blattstiele an den Zweigen bleibend, oft zurückgebogen, sehr lang und meist gewunden

▲
Junge Zweige krautig, später graubraun mit längsrissiger Aussenrinde und monopodial wachsend

▶
Links oben:
Fruchtstand
Rechts oben:
Endabschnitt eines
Zweiges
Mitte:
Seitenknospen an
älteren Zweigen
(3 mm/3 mm)
Unten:
Seitenknospen an sehr
jungen Zweigen
(3 mm/3 mm)

F	R	N	H	D	S	L	T	K	W	A	B	C
3	4	3	3	4	–	3	3	2	p	–	+	–

Córnus más L.	Cornouiller mâle	27
	Corniolo	
Gelber Hartriegel, Kornelkirsche	Cornelian cherry	Seite 42

Verbreitung: Ostmediterrane Pflanze
Standort: Kollin, seltener montan; in trockenen Laubmischwäldern, Gebüschen, an Waldrändern, auf sonnigen Hängen und als Heckenpflanze oft angepflanzt
Strauchhöhe: Bis 5 m hoher Strauch

Blattknospen am Ende der Langtriebe kegelförmig und grösser als Seitenknospen; letztjährige Zweige fast immer mit meist kugeligen und gestielten Blütenknospen (als End- und Seitenknospen)
Seitenknospen an Langtrieben als lanzettliche, zugespitzte und meist abstehende Blattknospen ausgebildet; an letztjährigen Zweigen auch als gestielte, kugelige und vorn zugespitzte Blütenknospen ausdifferenziert
Knospenschuppen grünlichgelb bis graubraun, dicht behaart und je 2 eine Knospe umschliessend
Blattnarben mit drei kleinen Blattspuren

▶

Links oben:
Blütenknospen an letztjährigen Zweigen
(6 mm/5 mm)
Rechts oben:
End- und Seitenknospen an Langtrieb
(7 mm/4 mm)
Links unten:
Blütenknospen
(5 mm/7 mm)
Rechts unten:
Seitenknospen (4 mm)

▲
Junge Zweige grünlich, an der Lichtseite violett überlaufen, behaart und monopodial wachsend

F	R	N	H	D	S	L	T	K	W	A	B	C
3	4	3	3	4	–	3	5	2	p	–	+	+

Córnus sanguínea L.	Bois de pouine, Bois sanguin	28
	Sanguina	
Roter Hartriegel, Roter Hornstrauch	Blood-twig dogwood	Seite 42

Verbreitung: Europäische Pflanze
Standort: Kollin, seltener montan; in lichten Laubmischwäldern vor allem am Waldrand, Gebüschen, Hecken, Auen, an Ufern, auf trockenen Hängen und in Mooren
Strauchhöhe: Bis 4 m hoher Strauch

Endknospen lanzettlich, die Seitenknospen an Grösse überragend und durch sehr früh hervorbrechende Blatteile vielspitzig

Seitenknospen lanzettlich, dem Zweig eng anliegend und diesem mit der Spitze zugewendet

Knospenschuppen braun bis dunkelbraun und behaart

Blattnarben dreispurig

▲
Junge Zweige lichtseits dunkelrot, schattenseits grüngelb mit roten Streifen und monopodial wachsend

▶
Links und rechts oben:
Endknospen
(5 mm/4 mm)
Mitte:
Schatten- und Sonnenseite zweier Zweige mit Seitenknospen
(4 mm/4 mm)
Links und rechts unten:
Seitenknospen
(5 mm/6 mm)

F	R	N	H	D	S	L	T	K	W	A	B	C
3	4	3	3	4	–	3	4	3	n	–	+	–

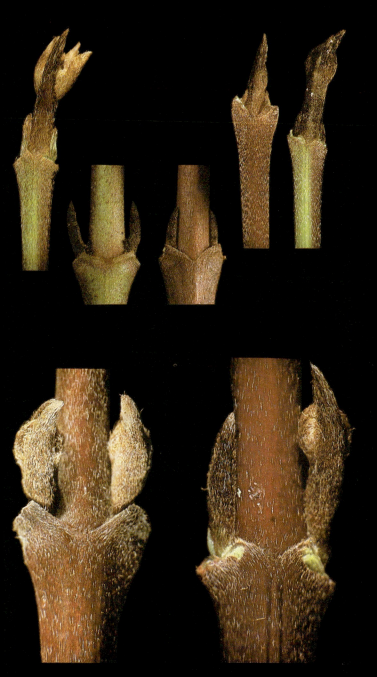

Coronilla emerus L.
Strauchige Kronwicke,
Strauchwicke

Coronille arbisseau, C. des jardins
Emero, Ginestra di bosco
Scorpion senna

Seite 82

Verbreitung: Südeuropäische Pflanze
Standort: Kollin und montan; in warmen, halbschattigen Lagen, lichten Wäldern, an trockenen Kalkhängen und in Gebüschen
Strauchhöhe: Bis 1 m (selten 2 m) hoher Strauch

Endknospen rundlich, dicht behaart und nicht viel grösser als Seitenknospen

Seitenknospen rundlich bis kegelförmig, dicht flaumig behaart, häufig zu zweit nebeneinander und meist von einem braunen Nebenblatt teilweise umschlossen

Knospenschuppen braungelb bis dunkelbraun und durch die dichte kurze Behaarung stellenweise grauweiss erscheinend

Blattnarben einspurig

Junge Zweige grün, vierkantig oder bei Langtrieben sechskantig und steil sympodial wachsend

Links oben:
End- und Seitenknospen
(3 mm/3 mm)
Rechts oben:
Endknospe und oberste
Seitenknospe
(3 mm/3 mm)
Links und rechts unten:
Seitenknospen zu zweit
(3,5 mm)

F	R	N	H	D	S	L	T	K	W	A	B	C
2	4	2	3	3	–	3	4	4	n	–	–	–

Córylus avellána L.
(C. silvéstris Salisb.)
Haselstrauch, Haselnuss

Noisetier, Avelinier
Nocciulo
Hazel, Filbert

30

Seite 59

Verbreitung: Europäische Pflanze
Standort: Kollin, montan und subalpin; in Wäldern als Unterholz, in Hecken auf Wiesen und Weiden häufig angepflanzt, an Bachufern und an steilen Halden
Strauchhöhe: Bis 5 m hoher Strauch

▲
Junge Zweige drüsig behaart, lichtseits braunocker, schattenseits olivbraun und sympodial wachsend

Endknospen breit-eiförmig, vorn deutlich abgerundet und nicht viel grösser als Seitenknospen

Seitenknospen eiförmig bis schmal-eiförmig, an der Triebbasis meist zugespitzt, gegen die Spitze der Zweige zu vorn mehr abgerundet und vom Zweig abstehend

Knospenschuppen lichtseits rotbraun, schattenseits grün, vorn abgerundet oder leicht eingekerbt und an den Rändern fein weiss behaart

Blattnarben dreispurig

▶

Links oben:
Endknospe und weibliche Blütenknospe mit rotem Narbenbüschel (Foto: Februar 1982) (4 mm/5 mm)
Rechts oben:
Endknospe (5 mm)
Links unten:
Seitenknospe (Schattenseite) (6 mm)
Rechts unten:
Seitenknospe (Sonnenseite) mit hervorbrechendem Narbenbüschel (5 mm)

F	R	N	H	D	S	L	T	K	W	A	B	C
3	3	3	3	3	–	3	3	3	n	–	+	–

Córylus colúrna L.	Noisetier de Byzance, N. de Turquie	31
(C. arboréscens Münchh.)	Nocciulo di Byzance	
Baum-Hasel, Türkische Hasel	Turkish filbert	Seite 60

Verbreitung: Südosteuropäische Pflanze
Standort: Kollin; bei uns in Gärten angepflanzt, in Niederösterreich verwildert
Baumhöhe: Bis über 20 m hoher Baum

Endknospen eiförmig, vorn abgerundet oder leicht zugespitzt und die Seitenknospen an Grösse überragend

Seitenknospen eiförmig, vom Zweig abstehend und basalwärts immer kleiner werdend

Knospenschuppen braun, mit dunkelbraunem bis schwarzem und weiss behaartem Rand; Basis der inneren Schuppen oft grünlich

Blattnarben dreispurig

Junge Zweige hellocker, grauocker oder braun, an der Spitze wollig behaart und sympodial wachsend

Links und rechts oben:
End- und Seitenknospen
(6 mm/4 mm)
Links unten:
Seitenknospe an Kurztrieb (5 mm)
Rechts unten:
Seitenknospe an Langtrieb (5 mm)

F	R	N	H	D	S	L	T	K	W	A	B	C
2	4	2	3	2	–	3	5	2	p	–	+	–

Cotoneáster integérrimus Med. — Cotonéastre à feuilles entières — **32**
(C. integérrima Med.) — Cotognastro
Gewöhnliche Steinmispel — European cotoneaster — Seite 69

Verbreitung: Europäisch-südwestasiatische Pflanze
Standort: Montan und subalpin, selten alpin; in wärmeren Lagen auf Felsbändern, in Felsspalten und Blockschutt, Wäldern, Gebüschen und Zwergstrauch-Beständen
Baum-/Strauchhöhe: Bis 2 m hoher Strauch

Endknospen eiförmig, meist zugespitzt und oft kleiner als nachfolgende Seitenknospen

Seitenknospen spitz-eiförmig und dem Zweig anliegend oder von ihm etwas abstehend

Zwischen den zwei leicht geöffneten äusseren roten und feinbehaarten **Knospenschuppen** schauen die graufilzigen Blätter hervor; innere Schuppen graugelb behaart

Blattnarben einspurig

▲
Junge Zweige rotbraun, an der Spitze grauwollig behaart und sympodial wachsend

▶
Links oben:
Anliegende Seitenknospen (5 mm)
Rechts oben:
End- und Seitenknospen (Sonn- und Schattenseite) (6 mm/6 mm)
Links unten:
Seitenknospen (6 mm/4 mm)
Rechts unten:
Seitenknospe und am Zweig sich ablösende Epidermis (4 mm)

F	R	N	H	D	S	L	T	K	W	A	B	C
1	4	2	2	2	–	4	3	3	n	+	+	+

Cratǽgus monógyna Jacq. Aubépine à un style, A. monogyne 33
(Méspilus monógyna All.) Bianco spino
Eingriffliger Weissdorn Single-seed hawthorn Seite 65

Verbreitung: Europäisch-westasiatische Pflanze
Standort: Kollin und montan; trockenere Böden und wärmere Lagen als C. oxyacántha L., an Waldrändern, in Hecken, Waldlichtungen, an Zäunen und in Gärten
Strauchhöhe: Bis 5 m hoher Strauch

Endknospen eiförmig, rundlich oder pyramidenförmig, vorn abgerundet oder zugespitzt und grösser als die Seitenknospen

Seitenknospen eiförmig oder rundlich; oft mit heller Spitze und vom Zweig abstehend

Knospenschuppen braunrot, mit leicht abfallenden Wimperhaaren, meist dunkelbraun bis schwarz berandet und vorn zugespitzt oder abgerundet

Blattnarben dreispurig

▲
Junge Zweige olivbraun bis hellbraun, stets stark bedornt und sympodial wachsend

▶
Links und rechts oben:
End- und Seitenknospen
(3–4 mm/3 mm)
Oben Mitte:
Junger Zweig der Sonne zugekehrt
Links unten:
Seitenknospe (3 mm)
Unten Mitte:
Kurztrieb mit Enddorn endend
Rechts unten:
Bei kräftigen Jahrestrieben Dornbildung mit seitlichen Blütenknospen (2 mm)

F	R	N	H	D	S	L	T	K	W	A	B	C
3w	4	2	3	4	–	4	4	4	p	–	+	–

Crataegus oxyacantha L.	Aubépine épineuse, Noble épine	34
Spitzdorniger Weissdorn	Bianco spino	
Zweigriffiger Weissdorn	English hawthorn	Seite 66

Verbreitung: Europäische Pflanze
Standort: Kollin und montan; feuchte bis trockene Böden an Waldrändern, Zäunen, in Waldlichtungen, Hecken und Gärten
Strauchhöhe: Bis 4 m hoher Strauch

Endknospen spitz-eiförmig oder pyramidenförmig, mit gerader oder leicht gekrümmter Spitze und nicht viel grösser als Seitenknospen.

Seitenknospen eiförmig oder spitz-eiförmig und dem Zweig eng anliegend oder vom Zweig abstehend

Knospenschuppen glänzend braun bis braunrot und meist dunkelbraun bis schwarz berandet

Blattnarben dreispurig

▲
Junge Zweige lichtseits rotbraun bis rotviolett, schattenseits olivgrün und sympodial wachsend

▶
Links oben:
End- und Seitenknospen an Langtrieben (4 mm/4 mm)
Mitte:
Seitenknospen und Dorn an kräftigem Langtrieb (2 mm)
Rechts oben, links Mitte und rechts unten:
Seitenknospen (3 mm)
Links unten:
Neuer Trieb mit Seitenknospe (2 mm)

F	R	N	H	D	S	L	T	K	W	A	B	C
3	3	3	3	4	–	3	3	3	p	–	+	–

Cupréssus sempérvirens	Cyrès commun	35
var. sempérvirens L.	Cipresso	
Echte Zypresse, Italienische Säulenzypresse	Italien cypress	Seite 35

Verbreitung: Südosteuropäische Pflanze
Standort: Kollin; auf der Insel Mainau im Bodensee und in Gärten und Friedhöfen angepflanzt
Baumhöhe: 25–45 m hoher, schlanker und aufrecht-ästiger Baum

Blätter dunkelgrün, schuppenförmig, vorn zugespitzt, kreuzweise gegenständig, an jüngeren Zweigen angepresst und sich dachig überlappend und später auseinanderrückend

Zapfen 2–4 cm lang, rundlich-eiförmig und mit 8–10 Schildern

▲
Junge Zweige 4kantig und hell- bis dunkelgrün gefärbt

▶
Linke Hälfte: Ausschnitt aus jungen Zweigen
Rechts oben: Sich dachziegelartig überlappende und schuppenförmige Blätter (3–5 mm)
Rechts unten: Teil eines letztjährigen (braun) und diesjährigen (grün) Zweigabschnittes, Schuppengrösse: 3–6 mm

F	R	N	H	D	S	L	T	K	W	A	B	C
2	3	2	3	2	–	3	5	2	i	–	–	–

Cydónia ablónga Mill.   Coignassier, Coudonnier   **36**
(C. vulgaris Delarbre)   Cotogno, Melo cotogno
Quitte   Quince   Seite 105

Verbreitung: Ursprünglich eine südwestasiatische Pflanze (Persien, südliches Arabien)
Standort: Kollin und montan; häufig kultiviert, selten verwildert
Baum-/Strauchhöhe: 1,5–8 m hoher Baum oder Strauch

Endknospen breit pyramidenförmig und meist kürzer als Seitenknospen

Seitenknospen schmal- bis breit kegelförmig, vorn meist abgerundet und dem Zweig anliegend

Knospenschuppen rot bis rotbraun und weiss behaart

Blattnarben dreispurig

▲
Junge Zweige oliv bis rotbraun, durch dichtes Haarkleid grauweiss erscheinend und sympodial wachsend

▶
Links oben:
End- und Seitenknospe
(2 mm/3 mm)
Rechts Mitte:
Seitenknospe mit frischer Blattnarbe (3 mm)
Links unten:
Seitenknospen
(3 mm/2 mm)

F	R	N	H	D	S	L	T	K	W	A	B	C
3	3	3	3	4	–	3	5	2	p	–	–	–

Dáphne alpína L.   **Daphne alpine**   37
(Thymeláea candida Scop.)   **Laureola alpina**
Alpen-Seidelbast, Berg-Seidelbast   **Daphne**   Seite 83

Verbreitung: Mittel- und südeuropäische Gebirgspflanze
Standort: Kollin, montan und subalpin; in warmen Lagen auf Felsen, Felsblöcken und Mauern
Strauchhöhe: 5–50 cm hoher Strauch

Endknospen breit-eiförmig, bräunlich, Seitenknospen an Grösse übertreffend und durch sich leicht öffnende Schuppen oft zweispitzig

Seitenknospen kugelig und vom Zweig abstehend

Knospenschuppen mit brauner bis braunroter Grundfarbe und durch dichte Behaarung hellbraun bis weisslich erscheinend

Blattnarben einspurig

▲
Junge Zweige rotgraun, besonders an der Spitze dicht behaart und sympodial wachsend

▶
Links oben:
End- und Seitenknospen
(7 mm/5 mm)
Rechts oben:
Seitenknospe (5 mm)
Links unten:
Seitenknospen (5 mm)
Rechts unten:
Seitenknospe und einspurige Narbe (5 mm)

F	R	N	H	D	S	L	T	K	W	A	B	C
2	4	2	3	1	–	4	3	4	n	–	–	–

Dáphne lauréola L.
Lorbeer-Seidelbast,
Waldlorbeer

Laurier des bois
Laureola
Spurge laurel

38

Seite 116

Verbreitung: Submediterrane Pflanze; in fast ganz Westeuropa und nordwärts bis Schottland
Standort: Kollin und montan; zerstreut in mässig feuchten, meist steinigen, lichten Laubwäldern und Gebüschen
Strauchhöhe: 40–120 cm hoher Strauch

Laubblätter keilig-verkehrt-eiförmig, sehr kurz gestielt oder ungestielt, bis 12 cm lang und 3 cm breit, ledrig, mattglänzend und kahl

Seitenknospen spitz-eiförmig

Knospenschuppen grün, meist gekielt und zugespitzt

▲
Junge Zweige gelbgrün bis graugrün; Äste nur wenig verzweigt

▶
Oben:
Seitenknospe (6 mm)
Unten:
Ausschnitt aus einem Zweig mit zahlreichen Seitenknospen
(je 5–6 mm)

F	R	N	H	D	S	L	T	K	W	A	B	C
2	4	2	3	3	–	2	4	2	i	–	–	–

Dáphne mezéreum L. **Mézéreon, Bois d'oreille** 39
Gemeiner Seidelbast **Fior di stecco, mezzereo**
Zilande **February daphne** Seite 84

Verbreitung: Europäisch-westasiatische Pflanze
Standort: Kollin, montan und subalpin; in Buchenwäldern, Hochstaudenfluren, Felsschutt, Gebüschen, Lichtungen, an Wasserzügen und in feuchten Zwergstrauchheiden
Strauchhöhe: 25–150 cm hohe Sträucher

Endknospen schmal-eiförmig, vorn zugespitzt und nicht grösser als Seitenknospen

Seitenknospen schmaleiförmig, vorn zugespitzt, vom Zweig beinahe rechtwinklig abstehend und vorwiegend am Zweigende angeordnet; Blattknospen in einem endständigen Knospenkomplex zusammenliegend

Knospenschuppen rotbraun, braun oder schwarzbraun und mit behaarten Schuppenrändern

Blattnarben einspurig

▲
Junge Zweige gelblich oder grünlichbraun, nur an den Spitzen mit Knospen versehen und sympodial wachsend

►
Links oben:
Blattnarbe mit einer Blattspur
Rechts oben:
Junger Zweig mit End- und Seitenknospen
(6 mm/3 mm)
Links und rechts unten:
Zweig mit End- und Seitenknospen (Aufnahmen: Februar 1982)
(6 mm/4 mm)

F	R	N	H	D	S	L	T	K	W	A	B	C
3	4	3	3	X	–	2	3	3	n	–	–	+

Émpetrum nigrum L. — **Camarine noire** — **40**
Schwarze Krähenbeere, Camarine
Rauschbeere Black crow berry — Seite 113

Verbreitung: Eurosibirische Pflanze
Standort: Montan und subalpin; besonders in Hochmooren und Bergföhrenwäldern
Strauchhöhe: Niederliegender, weit kriechender, reich verzweigter und teppichbildender Zwergstrauch von 10–45 cm Höhe

Laubblätter nadelförmig, wechselständig oder scheinwirtelig angeordnet, glänzend, dunkelgrün, sehr kurz gestielt, 4–6 mm lang und 1–2 mm breit, gegen die Spitze zu fein gezähnt, nach unten eingerollt, unterseits weiss gekielt und oberseits kahl oder kurz bewimpert

▲
Junge Zweige rot bis rotbraun und mit aufgerichteten Triebspitzen

▶
Links oben: Endabschnitt eines Zweiges
Rechts oben und links unten: Zweigausschnitte
Rechts unten: Ober- und Unterseite einer Blattquirle

F	R	N	H	D	S	L	T	K	W	A	B	C
3	2	2	4	4	–	3	3	2	z	+	–	–

Erica cárnea L.
(E. herbácea L.)
Erika, Schneeheide, Frühlingsheide

Bruyère incarnate, B. des neiges 41
Scopa carnicina
Spring heath   Seite 112

Verbreitung: Mittel- und südeuropäische Gebirgspflanze
Standort: Montan und subalpin; in Nadelwäldern, subalpinen Kiefern- und Bergföhrenwäldern, auf sonnigen und warmen Hügeln und auf Heidewiesen
Strauchhöhe: Zwergstrauch (bis 80 cm hoch)

Niederliegender und reich verzweigter Zwergstrauch

Laubblätter nadelförmig, dunkelgrün, schmallineal, bis 8 mm lang, kurz gestielt, zugespitzt, kahl, glänzend, von einem Knorpelrand umzogen, in einem 4gliedrigen Scheinwirtel vereinigt und dichtstehend

▲
Junge Zweige dünn, grünbraun bis braun und gebogen

▶
Links oben:
Ansatzstelle der Nadelblätter
Rechts oben und links unten:
Bald aufblühende Zweige (Aufnahmen, Januar 1982)
Links unten:
Nadelrückseite und Vorderseite (5–7 mm lang)

F	R	N	H	D	S	L	T	K	W	A	B	C
2	4	2	4	3	–	3	3	4	z	+	–	+

Eríca tetrálix L. Bruyère à quatre faces, B. caminet 42
(E. botulifórmis Salisb.) Scopa
Glocken-Heide, Moor-Erika Cross-leaved heath Seite 112

Verbreitung: Westeuropäische Pflanze
Standort: Montan; auf nassen, sauren und humosen Böden auf Tormooren, in moorigen Wäldern, Zwischenmooren und Heiden
Strauchhöhe: Zwergstrauch (bis 40 cm, seltener 70 cm hoch)

Laubblätter meist zu 4quirlig angeordnet, lineal-lanzettlich, spitzlich, bis 5 mm lang, mit stark eingerollten Rändern, mit deutlichem Mittelnerv und am Rande lang gewimpert

▲
Strauch mit dünnen, aufrechten, behaarten und dicht benadelten Zweigen

▶
Oben:
Alter doldenförmiger
Blütenstand
Links unten:
Endabschnitt eines
Zweiges
Rechts:
Ausschnitt aus einem
Zweig mit quirlig angeordneten Blättern

F	R	N	H	D	S	L	T	K	W	A	B	C
4	1	2	5	5	–	4	3	1	z	+	–	+

Eríca vágans L.   **Bruyère**   **43**
(E. decipiens St.-Am.)   Scopa
Wanderheide, Wander-Erika   **Heath**   **Seite 113**

Verbreitung: Westeuropäische Pflanze
Standort: Kollin; in milden Lagen an Waldrändern und an buschigen Hängen
Strauchhöhe: Niederliegender und stark verzweigter Zwergstrauch
(0,4–0,8 m hoch)

Laubblätter nadelartig, zu 3 oder 4 (seltener 5) quirlig angeordnet, dichtstehend, bis 9 mm lang, mehr oder weniger senkrecht stehend, zugespitzt, kahl, unterseits mit tiefer Längsfurche und mit einem 0,5 mm langen Stiel versehen

▲
Junge Zweige kahl, dünn, gelbbraun und von bereits früh abblätternder Epidermis stellenweise grau

▶
Links oben:
Nadelunter- und Oberseite (Nadeln: 5–7 mm)
Mitte:
Ansatzstelle der Nadeln
Rechts unten:
Endabschnitt eines Zweiges

F	R	N	H	D	S	L	T	K	W	A	B	C
3	2	2	5	4	–	3	5	2	i	+	–	+

Evónymus európaeus L.   Fusain, Bois à lardoir   44
(E. vulgáris Mill.)   Fusaria
Gemeiner Spindelstrauch, Pfaffenhütchen   Spindle-tree   Seite 53

Verbreitung: Europäische Pflanze
Standort: Kollin und montan; in Laubmischwäldern
Baum-/Strauchhöhe: Bis 6 m hoher Strauch oder kleiner Baum

Endknospen spitz-eiförmig oder kugelig und dann oben kurz zugespitzt und die Seitenknospen an Grösse übertreffend

Seitenknospen eiförmig, zugespitzt und dem Zweig anliegend oder von ihm leicht abstehend

Knospenschuppen breit, vorn zugespitzt, dunkelbraun berandet, mit der Spitze oft abstehend, schattenseits grün, lichtseits braun bis braunrot und am Rande häufig gewimpert

Blattnarben mit zentral nebeneinander liegenden Blattspuren

▲
Junge Zweige lichtseits braunrot bis rotschwarz, schattenseits grün und monopodial wachsend

▶
Links und rechts oben: Endknospen (sonnenseits/schattenseits) (6 mm/4 mm)
Mitte: End- und Seitenknospen (5 mm/4 mm)
Links und rechts unten: Seitenknospen (schattenseits/sonnenseits) (5 mm)

F	R	N	H	D	S	L	T	K	W	A	B	C
3w	4	3	3	5	–	3	3	2	n	–	+	–

Fágus sylvática L.	Hêtre blanc, H. commun	45
Rotbuche, Buche	Faggio European beech	Seite 58

Verbreitung: Europäische Pflanze (in Gebieten mit ozeanischem Klimacharakter)
Standort: Kollin, montan, seltener subalpin
Baumhöhe: Bis 40 m hoher Baum

Endknospen sehr lang, spindelförmig und an Länge und Breite die Seitenknospen nur wenig oder überhaupt nicht übertreffend; Blütenknospen schmal-eiförmig und lang zugespitzt

Seitenknospen spindelförmig und vom Zweig stark abstehend

Knospenschuppen gelblichbraun bis dunkelbraun, mit hellen oder dunklen Rändern, zugespitzt, einander spiralig überdeckend und jeweils im oberen Teil fein behaart

Blattnarben mit 4 oder mehr undeutlichen Blattspuren

Zweige zickzackförmig geknickt, zur Spitze hin immer stärker gewinkelt und monopodial wachsend

Links oben:
Breite Blütenknospen (15 mm)
Rechts oben:
Endknospe (20 mm)
Links unten:
Seitenknospen an Kurztrieben (18 mm)
Rechts unten:
End- und Seitenknospe an Langtrieb (20 mm)

F	R	N	H	D	S	L	T	K	W	A	B	C
3	X	3	3	4	–	2	3	2	p	–	+	–

Fícus cárica L. — Figuier / Fico
Feige, Echter Feigenbaum — Fig tree

46

Seite 81

Verbreitung: Mediterran-südwestasiatische Pflanze
Standort: Kollin; an trockenen und heissen Felshängen im Weinbaugebiet; als Fruchtbaum im Süden weit verbreitet
Baum-/Strauchhöhe: Baum oder Strauch bis 15 m

Endknospen schmal pyramidenförmig, viel länger als Seitenknospen und meist mit einer gekrümmten Spitze

Seitenknospen eiförmig bis rundlich, vorn kurz zugespitzt und vom Zweig abstehend

Knospenschuppen gelb, grün oder bräunlich und lang zugespitzt

Blattnarben mit kreisförmig angelegten Blattspuren

Junge Zweige grün, Milchsaft führend und sympodial wachsend

Links und rechts oben: End- und Seitenknospe im Herbst (17 mm/5 mm)
Links unten: Seitenknospen und Narben (5 mm)
Rechts unten: End- und Seitenknospen im Februar (18 mm/6 mm)

F	R	N	H	D	S	L	T	K	W	A	B	C
2	3	3	4	4	–	3	5	2	p	–	–	–

Forsýthia x intermédia Zab. Forsythie 47
Forsythie
Forsythie Forsythia Seite 53

Verbreitung: Ursprünglich eine ostasiatische Pflanze
Standort: Kollin; in warmen Lagen
Strauchhöhe: 1,5–3 m hoher Strauch

Endknospen schmal, pyramidenförmig und viel kleiner als Seitenknospen

Seitenknospen schmaleiförmig oder verkehrteiförmig, vorn zugespitzt und im oberen Teil am breitesten

Knospenschuppen braun mit schwarzen Rändern, gekielt und vorn meist abgerundet und dann kurz zugespitzt

Blattnarben einspurig

▲
Zweige lichtseits rotbraunoliv, schattenseits olivgrün, vierkantig und sympodial wachsend

▶
Links oben:
End- und Seitenknospen
(4 mm/8 mm)
Mitte:
Seitenknospen ohne
Beiknospen (8 mm)
Rechts unten:
Seitenknospen mit Beiknospen (9 mm)

F	R	N	H	D	S	L	T	K	W	A	B	C
2	3	3	3	3	–	4	5	3	n	–	+	–

214

Frángula álnus Mill.   **Bourdaine, Frangule**   **48**
(Rhámnus frángula L.)   **Frangula, Fragola**
Faulbaum, Pulverholz   **Glossy buckthorn**   Seite 68

Verbreitung: Eurosibirische Pflanze
Standort: Kollin und montan; in Mooren und lichten Wäldern mit staunassen und wechselfeuchten Böden
Strauchhöhe: Bis 3 m hoher Strauch

Knospen aus zusammengefalteten und filzig behaarten Blättern aufgebaut; Knospenschuppen fehlen

Endknospen rundlich bis eiförmig und nur wenig grösser als die Seitenknospen

Seitenknospen eiförmig, zugespitzt, dem Zweig anliegend oder von diesem abstehend

Blattnarben dreispurig

▲
Junge Zweige braunrot bis braunschwarz, durch dichtes und kurzes Haarkleid aufgehellt und sympodial wachsend

▶
Links und rechts oben:
End- und Seitenknospen
(7 mm/5 mm)
Mitte:
Frische und letztjährige
Blattnarbe
Links und rechts unten:
Abstehende und anliegende Seitenknospen
(6 mm/5 mm)

F	R	N	H	D	S	L	T	K	W	A	B	C
4w	3	2	4	5	–	3	4	3	n	–	–	–

Fráxinus excélsior L. — **Frêne commun** — 49
Gemeine Esche, — **Frassino**
Geissbaum — **European ash** — Seite 40

Verbreitung: Europäische Pflanze
Standort: Kollin, seltener montan; in Auenwäldern, Schluchtwäldern, Laubmischwäldern, an Ufern und in Anlagen verschiedenster Art gepflanzt
Baumhöhe: Bis 25 m (seltener bis 40 m) hoher Baum

Endknopspen breit pyramidenförmig, vorn meist zugespitzt, gelegentlich auch abgerundet und grösser als Seitenknospen

Seitenknospen halbkugelig bis kugelig oder eiförmig, vorn zugespitzt und vom Zweig meist abstehend

Knospenschuppen kohlig mattschwarz und meist braun berandet

Blattnarben wappenförmig mit hufeisenförmig angeordneten Blattspuren

Links und rechts oben: Endknospen (8 mm/5 mm)
Links unten: Seitenknospe und Blattnarbe
Rechts unten: Seitenknospen (5 mm)

Junge Zweige rundlich bis oval, graugrün bis olivgrau, kahl und monopodial wachsend
1 Wasser-Esche/2 Kalk-Esche

	F	R	N	H	D	S	L	T	K	W	A	B	C
1	4w	4	4	3	4	–	3	4	2	p			
2	2	5	2	3	2	–	3	4	2	p	–	–	–

Fraxinus ornus L. Frêne à fleurs, Orne d'Europe 50
Manna-Esche Ornielle, Frassina della manna
Blumen-Esche Flowering ash, Manna ash Seite 40

Verbreitung: Südeuropäisch-westasiatische Pflanze
Standort: Kollin, seltener montan; an trockenen, meist kalkreichen, sonnigen Abhängen in Laubmisch-, Kastanien-, Eichen- und Buschwäldern
Baumhöhe: Bis 10 m hoher Baum; auch strauchförmig

Endknospen breit pyramidenförmig bis halbkugelig, vorn zugespitzt und viel grösser als Seitenknospen

Seitenknospen kugelig und vom Zweig abstehend

Knospenschuppen mausgrau und mit Drüsenschuppen bedeckt

Blattnarben wappenförmig und mit hufeisenförmig angeordneten Blattspuren

▲
Junge Zweige grün, später olivgrün bis graubraun, kahl, rundlich bis vierkantig und monopodial wachsend

▶
Rechts oben:
Junge Endknospe (Aufnahme August 1982)
(8 mm)
Mitte:
Ältere Endknospe
(8 mm)
Rechts unten:
Seitenknospen (6 mm)

F	R	N	H	D	S	L	T	K	W	A	B	C
2	4	2	3	3	–	3	5	2	p	–	–	–

Gínkgo bíloba L.	Ginkgo bilobé, Noyer du Japon	51
(Fächerbaum, Mädchenhaarbaum)	Ginkgo	
Ginkgo(baum), Silberbaum	Ginkgo, Maidenhair tree	Seite 25

Verbreitung: Aus Japan und China gebürtig (nur aus Kultur bekannt)
Standort: Kollin; bei uns als Zierbaum in Gärten oder als Alleebaum häufig angepflanzt
Baumhöhe: Bis 20 m hoher und sommergrüner Baum

Endknospen breit pyramidenförmig, vorn meist abgerundet und nicht grösser als Knospen der Kurztriebe

Seitenknospen der Kurztriebe breit pyramidenförmig bis halb-eiförmig, vorn abgerundet und vom Zweig fast rechtwinklig abstehend

Knospenschuppen hellbraun bis rotbraun, vorn abgerundet, oft schwarz berandet und vielfach mit weissem Wimpernrand

Blattnarben zweispurig

▲
Junge Zweige graubraun bis braun, unbehaart und sympodial wachsend

▶
Links oben:
Endknospe an Langtrieb (5 mm)
Rechts oben und rechts Mitte:
Knospen an Kurztrieben (5 mm)
Links unten:
Seitenknospen an Langtrieben (4 mm/4 mm)
Rechts unten:
Seitenknospe mit 2spuriger Narbe (5 mm)

F	R	N	H	D	S	L	T	K	W	A	B	C
3	3	3	4	4	–	4	4	2	p	–	–	–

Hédera hélix L.

Gemeiner Efeu

Lierre commun
Edera, Ellera
Ivy

52

Seite 114

Verbreitung: Europäisch-südwestasiatische Pflanze
Standort: Kollin und montan; in Laubmischwäldern, an Bäumen, Felsen und Mauern
Baum-/Strauchhöhe: Bis 20 m hohe, immergrüne Lianen

Alter der Pflanze, Anlagestelle der Blätter, Licht, Temperatur und Feuchtigkeit haben einen grossen Einfluss auf die Form der Jugend- und Folgeblätter

Laubblätter an sterilen Pflanzen oder Teilen davon tief 3- oder 5lappig, an blühreifen Sprossen ungeteilt, oval bis rhombisch, stumpf oder spitz, 4–10 cm lang und bis 10 cm breit

Seitenknospen spitz-eiförmig und mit grünlichen und zugespitzten Knospenschuppen

▶

Links oben:
Oval bis rhombische Laubblätter an Früchte tragenden Sprossen
Rechts oben:
Seitenknospen an älterem Zweigabschnitt; der stark behaarte obere Zweigabschnitt stammt von diesem Jahr (5 mm)
Mitte und links unten:
Gelappte Laubblätter, Zweige mit Fruchtständen

▲
Äste und Zweige mit Haftwurzeln dem Substrat anliegend oder frei davon weg wachsend; junge Zweige grün und behaart

F	R	N	H	D	S	L	T	K	W	A	B	C
3	3	3	3	4	–	2	4	2	i	+	–	+

Hippóphaë rhamnoídes L.	Argoussier	53
	Olivello spinoso	
Gewöhnlicher Sanddorn	Sea buckthorn	Seite 65

Verbreitung: Euroasiatische Pflanze
Standort: Kollin und montan, seltener subalpin; in sonnigen, warmen Lagen, in Flussbetten, Alluvionen, Kiesgruben, felsigen Hängen und Föhrenwäldern
Strauchhöhe: Bis 6 m hoher Strauch

Der Endtrieb endet als Dorn oder verdorrt

Seitenknospen bei männlichen Pflanzen breiter als der Zweig, kugelig bis eiförmig und 2- bis mehrkopfig; bei weiblichen Pflanzen schlanker

Knospenschuppen goldkupferfarbig und mit kurzen Haaren bedeckt

Blattnarben einspurig

Junge Zweige dick, dunkelrotbraun bis grau, allseits von bronzeglänzenden Sternschuppen besetzt und sympodial wachsend

Oben:
Endtrieb mit männlichen Blütenknospen und mit einem Dorn endend (5 mm)
Links unten:
Mehrkopfige männliche Blütenknospen (6 mm)
Rechts unten:
Endtrieb mit Dorn endend und Seitenknospe (6 mm)

F	R	N	H	D	S	L	T	K	W	A	B	C
2w	4	2	2	3	–	4	3	4	n	–	–	–

Ilex aquifólium L.   Houx   **54**
                             Aquifolio
Gemeine Stechpalme   Holly   Seite 119

Verbreitung: Südeuropäisch-westasiatische Pflanze
Standort: Kollin oder montan; in Gegenden mit hoher Feuchtigkeit und ohne extreme Temperaturen (ozeanisches Klima) in Buchenwäldern und Laubmischwäldern als Unterholz und in Hecken
Baum-/Strauchhöhe: Bis 10 m (selten 15 m) hoher Baum oder Strauch

Laubblätter lederartig, oberseits glänzend, dunkelgrün, unterseits etwas heller, im Umriss oval bis lanzettlich, 3–8 cm lang, 2–4 cm breit und am Rand meist wellig und stachelspitzig gezähnt; Wellung und Bestachelung nach Alter verschieden stark ausgebildet, oft ganz verschwindend

Endknospen schmalkegelförmig, ein- oder zweispitzig und grün bis braunrot gefärbt

Seitenknospen halb-eiförmig, kurz zugespitzt und grünlich gefärbt

Blütenknospen zu mehreren seitenständig, kugelig und grün bis rotbraun gefärbt

▲
Junge Zweige kahl oder spärlich flaumig behaart, lichtseits rotviolett, schattenseits grasgrün und gefurcht

▶
Links und rechts oben: End-, Blatt- und Blütenknospen (6 mm/3 mm/3 mm)
Mitte: Seitenknospe (3 mm)
Links und rechts unten: Blütenknospen (je 3–4 mm)

F	R	N	H	D	S	L	T	K	W	A	B	C
3	3	3	4	4	–	2	4	2	i	–	+	+

Júglans régia L.	Noyer	55
Walnussbaum	Noce	
Nussbaum, Edelnuss	Walnut	Seite 81

Verbreitung: Ursprünglich Südwestasien (Persien, Armenien, Transkaukasus) und östliches Mittelmeergebiet (Schwarzmeerküste, Griechenland)
Standort: Kollin und montan; in den mildesten Lagen in Laubmischwäldern
Baumhöhe: Bis 25 m hoher Baum

Endknospen halbkugelig bis eiförmig, vorn zugespitzt und viel grösser als Seitenknospen

Seitenknospen kugelig, vielfach 2 übereinander, oberhalb grosser und wappenförmiger Narbe vom Zweig abstehend

Aussenknospen graubraun bis grauschwarz, unbehaart, vorn zugespitzt und meist schwarzrandig

Blattnarben wappenförmig mit drei Spurengruppen

▲
Junge Zweige olivgrün, glänzend, mit durchgehend quergefächertem Mark, kahl und sympodial wachsend

▶
Links oben:
Endknospe und junge männliche Blütenstände (6 mm)
Rechts oben:
Längsschnitt mit quergefächertem Mark
Mitte:
Letztjährige und diesjährige Narbe
Links unten:
Seitenknospen an Langtrieb (5 mm/4 mm)
Rechts unten:
Seitenknospe an Kurztrieb (5 mm)

F	R	N	H	D	S	L	T	K	W	A	B	C
3	4	4	4	4	–	3	5	2	p	–	–	–

Juníperus commúnis ssp. commúnis L.
GemeinerWacholder

Genévrier commun
Ginepro
Common juniper

56

Seite 33

Verbreitung: Euroasiatische Pflanze
Standort: Kollin, montan, selten subalpin; in Föhrenwäldern und Flaumeichenwäldern, auf unfruchtbaren Hügeln und auf Weideflächen; oft in Gärten angepflanzt
Strauchhöhe: Strauch bis 3 m hoch; selten baumförmig (dann bis 11 m)

Laubblätter nadelförmig, in abwechselnd 3- (selten 4)gliedrigen Quirlen liegend, allmählich und fein zugespitzt, 8–21 mm lang, etwas rinnig, meist graugrün und am Grunde mit einer Abgliederungsstelle

Knospen von schuppenartigen Nadeln bedeckt

▲
Junge Zweige gelbgrün bis graugrün und mehr oder weniger vierkantig

►
Links oben: Nadelober- und Unterseite (20 mm)
Rechts oben: Endabschnitt eines Zweiges
Links unten: Ausschnitt aus einem Zweig
Rechts unten: Seitenknospen (6 mm)

F	R	N	H	D	S	L	T	K	W	A	B	C
2w	3	2	4	X	–	4	4	4	i	–	–	–

Juníperus commúnis L. ssp. nana (Gray)	Genévrier nain	57
(Juníperus nana Willd.)	Ginepro nano	
Zwerg-Wacholder	Juniper	Seite 34

Verbreitung: Eurosibirisch-nordamerikanische Pflanze
Standort: Subalpin, seltener alpin; auf Weiden, in lichten Wäldern, Zwergstrauchgesellschaften, Schutthalden und auf steinigen, besonnten Abhängen
Strauchhöhe: Mehr oder weniger niederliegender, spalierartig aufliegender Strauch und bis 50 cm hoch werdend

Nadeln bis 10 mm lang, im Gegensatz zu J. commúnis kurz zugespitzt, oft einwärts gebogen, dem Zweig mehr oder weniger anliegend und mit einem dicken weissen Mittelband versehen; Nadelquirle gedrängt stehend, nur etwa 1–3 mm voneinander entfernt

Knospen spitz-eiförmig und von nadelförmigen Schuppen bedeckt

▲
Junge Zweige gelbgrün bis braungrün und mehr oder weniger stark vierkantig

▶
Links und rechts oben: Endabschnitt eines Zweiges
Links Mitte: Ausschnitt aus einem Zweig
Rechts Mitte: Seitenknospe und deutlich vierkantiger Zweig (4 mm)
Links unten: Zweigausschnitt mit Nadelunterseiten
Rechts unten: Nadelober- und Unterseite (7 mm)

F	R	N	H	D	S	L	T	K	W	A	B	C
2	2	2	3	3	–	4	2	4	i	–	–	–

Juníperus sabína L. — Genévrier sabine / Sabina / Savine juniper — **58**

Sefistrauch, Sadebaum — Seite 34

Verbreitung: Euroasiatische Pflanze
Standort: Kollin, montan, subalpin; selten alpin; an heissen, trockenen Berghängen, an Felsen oder in Föhrenwäldern als Unterholz
Strauchhöhe: Niedergestreckter Strauch oder bis 6 m hoher Baum

Laubblätter an bis 10 Jahre alten Pflanzen oder an jungen Trieben nur nadelförmig; an älteren Pflanzen schuppenförmig, kreuzweise gegenständig, 1,5–2 mm lang, mit dreieckiger Spitze, gelbgrün bis dunkelgrün, dem Zweig eng anliegend, sich dachziegelartig überdeckend und rückenseits mit eingesenkter Harzdrüse

▲
Junge Zweige hellgrün bis dunkelgrün und von breit-nadelförmigen Schuppen bedeckt

▶
Rechts oben und rechts unten:
Zweigausschnitte
Links Mitte:
schuppenförmige Blätter mit je einer versenkten Drüse auf der Aussenseite (2 mm lange Blätter)

F	R	N	H	D	S	L	T	K	W	A	B	C
2	2	2	3	4	–	4	4	5	i	–	–	–

Labúrnum alpínum (Mill.) Presl   **Ebénier des alpes**   59
(Cytisus alpinus Mill.)   Citiso della alpi
Alpen-Goldregen   Scotch laburnum   Seite 96

Verbreitung: Mittel- und südeuropäische Gebirgspflanze
Standort: Kollin und montan, seltener subalpin; auf nicht zu trockenen Böden in warmen Lagen in lichten Wäldern, buschigen Hängen und an Felsen
Strauchhöhe: 1,5–4 m hoher Strauch

Endknospen eiförmig, vorn zugespitzt oder leicht abgerundet und nicht viel grösser als Seitenknospen

Seitenknospen eiförmig, vorn zugespitzt oder abgerundet und dem Zweig anliegend oder von ihm leicht abstehend

Knospenschuppen mit hellbraunem bis hellgrünem Untergrund, durch starke Behaarung meist silbergrau erscheinend und vorn abgerundet

Blattnarben dreispurig

▲
Junge Zweige grün, durch sich abhebende Epidermis bald graugrün erscheinend, am Ende oft leicht behaart und sympodial wachsend

▶
Links oben:
Endknospen (7 mm)
Rechts oben:
Seitenknospen an Langtrieben (6 mm)
Links und rechts unten:
Seitenknospen an Kurztrieben bei jüngerem und älterem Zweig
(5 mm/6 mm)

F	R	N	H	D	S	L	T	K	W	A	B	C
3	3	3	3	2	–	3	3	3	p	–	–	+

Labúrnum anagyroídes Medikus	Aubour, Cytise, Faux ébénier	60
(Cýtisus Labúrnum L.)	Avorniello	
Gewöhnlicher Goldregen	Golden chain	Seite 97

Verbreitung: Mittel- und südeuropäische Gebirgspflanze
Standort: Kollin und montan; in warmen Lagen in lichten Wäldern, an buschigen Hängen und an Felsen
Strauchhöhe: 1,5–7 m hoher Strauch

Endknospen spitz-eiförmig und nicht viel grösser als die Seitenknospen

Seitenknospen ebenfalls spitzeiförmig und am Zweig anliegend oder von diesem leicht abstehend

Knospenschuppen grünlich bis braun, oft dunkel berandet, vorn abgerundet oder gekielt und stark silbergrau behaart

Blattnarben dreispurig

▲
Junge Zweige lichtseits rotbraun bis rotviolett, schattenseits olivgrün, seidig grau behaart und sympodial wachsend

▶
Links oben: Endknospe eines Langtriebes (6 mm)
Rechts oben: Knospen an Kurztrieben mit einem alten Blütenstandsstiel (5 mm)
Links unten: Seitenknospen an Langtrieben (5 mm/5 mm)
Rechts unten: Seitenknospen an Kurztrieben (5 mm/5 mm)

F	R	N	H	D	S	L	T	K	W	A	B	C
3	3	3	3	2	–	3	4	3	p	–	+	+

Lárix decídua Mill. — Mélèze d'Europe — 61
(L. európáëa Lam.) — Larice, Larze
Europäische Lärche — European larch — Seite 32

Verbreitung: Alpin-karpatische Pflanze
Standort: Ursprünglich subalpin; auf Moränen, Rutschhängen und bei Lawinenzügen; in tieferen Lagen angepflanzt
Baumhöhe: Bis 50 m hoher Baum (Tiefwurzler, sturmfest)

Endknospen halbkugelig, wenn kegelförmig, dann vorn abgerundet und nicht grösser als Seitenknospen

Seitenknospen ebenfalls kegelförmig bis halbkugelig und Achse mehr oder weniger rechtwinklig vom Zweig abstehend

Knospenschuppen glänzend braun

Blattnarben mit einer Blattspur

▲
Junge Zweige gelblichbraun, kahl und monopodial wachsend

▶
Oben:
End- und Seitenknospe (5 mm)
Rechts Mitte:
2 Seitenknospen (5 mm)
Links unten:
Verblühte männliche Blütenstände (5 mm)

F	R	N	H	D	S	L	T	K	W	A	B	C
3	2	2	2	4	–	4	2	4	p	–	–	–

Laurus nóbilis L.	Laurier commun	62
	Alloro	
Edler Lorbeer	Grecian laurel	Seite 119

Verbreitung: Mediterrane Pflanze
Standort: Kollin; in warmfeuchten, meist laubabwerfenden Wäldern, besonders in der Nähe der mediterranen Küste und verwildert oder kultiviert an felsigen Orten am Südfuss der Alpen
Baum-/Strauchhöhe: Strauch oder bis 20 m hoher Baum

Laubblätter lanzettlich, bis 12 cm lang, dunkelgrün, mit bis 1 cm langem Stiel, am Rande häufig wellig, lederig und stark aromatisch riechend
Endknospen spitz-eiförmig, auswärts gekrümmt und viel grösser als Seitenknospen
Seitenknospen schmal und spitzeiförmig und vom Zweig deutlich abstehend
Knospenschuppen rotviolett bis rotschwarz gefärbt

▲
Junge Zweige oliv bis braunrot gefärbt und sympodial wachsend

▶
Links oben:
End- und Seitenknospen
(8 mm/4 mm)
Rechts Mitte:
Zweigausschnitt mit
End- und Seitenknospen
(7 mm/3 mm)
Links unten:
Abstehende Seitenknospe (4 mm)

F	R	N	H	D	S	L	T	K	W	A	B	C
2	3	2	3	4	–	3	5	2	i	–	–	–

Ligústrum vulgáre L. **Troène commun** 63
Gemeiner Liguster **Ligustro**
Rainweide, Beinholz **Common privet** Seite 54

Verbreitung: Europäisch-westasiatische Pflanze
Standort: Kollin, seltener montan; in lichten Laub- und Föhrenwäldern, Gebüschen, Hecken, an sonnigen Hängen, Rainen, Ufern, Mauern und auf Waldschlägen
Strauchhöhe: Bis 5 m hoher Strauch

Endknospen spitz-eiförmig und meist grösser als Seitenknospen

Seitenknospen eiförmig bis spitz-eiförmig, gegenständig oder etwas schief gegenständig, kahl, anliegend oder etwas abstehend

Knospenschuppen lichtseits braunviolett, schattenseits grünlich, vorn abgerundet oder zugespitzt und oft mit weissem Wimpernrand

Blattnarben einspurig

▶
Links und rechts oben: Endknospen (Sonnen- und Schattenseite) (7 mm)
Mitte: Seitenknospen (Sonnen- und Schattenseite) (5 mm/5 mm)
Links und rechts unten: Seitenknospen an jüngerem (Herbst 1981) und älterem (Februar 1982) Zweig (6 mm/6 mm)

▲
Junge Zweige grauoliv bis graubraun, kahl und starr aufrecht monopodial wachsend

F	R	N	H	D	S	L	T	K	W	A	B	C
3w	4	2	3	4	–	3	4	3	n	–	+	–

246

Loiseleúria procúmbens (L.) Desv. **Azalée couchée** 64
(Azalea procumbens L.) Bosso alpino
Alpenazalee, Gemsheide Alpine azalea Seite 111

Verbreitung: Eurosibirisch-nordamerikanische Pflanze
Standort: Alpin und subalpin; stets auf steinigen oder felsigen Unterlagen, auf Moränen, Blockschutt, Felsen und in Zwergstrauchheiden
Strauchhöhe: Bis 45 cm hoher Zwergstrauch

Laubblätter zu 2 gegenständig, elliptisch, ganzrandig. 3–8 mm lang, 1–2 mm breit, am Rande eingerollt und oberseits mit wenig tiefer Längsfurche; Blattstiel 1–2 mm lang und oberseits mit einer Rille

End‹knospe› aus gefalteten und rötlich gefärbten Laubblättern bestehend

▲
Reich verzweigter und teppichbildender Zwergstrauch mit knorrigen Ästen

▶
Oben:
Endabschnitt eines Zweiges mit letztem gegenständigen Blattpaar
Links unten:
Rötlich gefärbte Endblättchen als ‹Endknospe›
Rechts unten:
Zweigausschnitt

F	R	N	H	D	S	L	T	K	W	A	B	C
2	2	1	4	3	–	5	1	4	z	–	–	–

Lonicéra alpígena L.   Chèvrefeuille alpestre   65
(Caprifólium alpínum)   Conieceraso
Alpen-Geissblatt, Alpen-Heckenkirsche   Alps honeysuckle   Seite 50

Verbreitung: Mittel- und südeuropäische Gebirgspflanze
Standort: Montan und subalpin, seltener kollin; zerstreut in Buchenwäldern, Fichtenwäldern, Schluchtwäldern, Holzschlägen, an buschigen Abhängen und an Bächen
Strauchhöhe: Bis 2 m hoher Strauch

Endknospen spitz-eiförmig und grösser als Seitenknospen

Seitenknospen spitz-eiförmig und vom Zweig abstehend

Knospenschuppen hell bis dunkelbraun oder graubraun, oft mit schwarzen Flecken, zugespitzt mit dunklem oder weissem Rand und meist gekielt
Blattnarben dreispurig

▲
Zweige graubraun bis hellbraun, mit zahlreichen dunkelbraunen bis schwarzen Punkten und monopodial wachsend

▶
Links und rechts oben: End- und Seitenknospen (7 mm/5 mm)
Links unten: Seitenknospen an Langtrieb (6 mm)
Rechts unten: Seitenknospe an Kurztrieb (5 mm)

F	R	N	H	D	S	L	T	K	W	A	B	C
3	4	3	4	4	–	2	2	3	n	–	–	+

Lonicéra nigra L.	Camérisier noir,	66
(Xylósteum nigrum Moench)	Chèvrefeuille à baie noir	
Schwarzes Geissblatt,	Madreselva, Lonicera nera	
Schwarze Heckenkirsche	Black-fruited honeysuckle	Seite 51

Verbreitung: Mittel- und südeuropäische Gebirgspflanze
Standort: Subalpin, seltener montan; in Tannenwäldern, Fichtenwäldern, Arven-Lärchenwäldern und an buschigen Stellen
Strauchhöhe: Bis 1,5 m hoher Strauch

Endknospen schmal spitz-eiförmig und die Seitenknospen nur wenig überragend

Seitenknospen schmal spitz-eiförmig und vom Zweig abstehend

Knospenschuppen schmal pyramidenförmig, gekielt, braun, oft schwarz gefleckt und durch abgehobene Epidermis graustreifig

Blattnarben mit fünf sehr kleinen Blattspuren

▲
Junge Zweige kupferglänzend bis braunrot, mit kleinen schwarzen Warzenhaaren und sparrig aufrecht monopodial wachsend

▶
Links oben:
End- und Seitenknospen
(7 mm/6 mm)
Rechts oben:
Endknospe (8 mm)
Unten:
Abstehende Seitenknospen (7 mm)

F	R	N	H	D	S	L	T	K	W	A	B	C
3	3	3	4	4	–	2	2	3	n	–	–	+

Lonicéra xylósteum L. **Chèvrefeuille, Mérisier des haies** 67
(L. dumetórum Moench) Gisilosteo
Rotes Geissblatt **Fly-honeysuckle** Seite 51

Verbreitung: Eurosibirische Pflanze
Standort: Kollin und montan, seltener subalpin; in Laubmischwäldern, Hecken, Gebüschen, an Zäunen und Waldrändern
Strauchhöhe: Bis 2 m hoher Strauch

Endknospen sehr schmal kegelförmig und nur wenig grösser als Seitenknospen

Seitenknospen lang, kegelförmig, fast rechtwinklig abstehend und meist noch Beiknospen vorhanden

Knospenschuppen grau oder hellbraun bis dunkelbraun, zugespitzt und mit weissen Randhaaren

Blattnarben dreispurig

Junge Zweige graubraun bis braunrot, bald längsrissig und monopodial wachsend

Links und rechts oben: Endknospen (8 mm)
Mitte: Seitenknospen mit kleinen Beiknospen (7 mm/3 mm)
Links unten: Seitenknospe an Kurztrieb (7 mm)
Rechts unten: Seitenknospen ohne Beiknospen (6 mm)

F	R	N	H	D	S	L	T	K	W	A	B	C
3	3	3	3	4	–	3	3	3	n	–	+	+

Malus doméstica Borkh. **Pommier** 68
                            Melo
Apfelbaum   **Apple-tree**   Seite 106

Verbreitung: Europäisch-westasiatische Pflanze
Standort: Kollin und montan; in ganz Europa in verschiedenen Sorten angepflanzt
Baumhöhe: 5–10 m hoher Baum

Endknospen ei- bis kegelförmig und die Seitenknospen meist überragend

Seitenknospen schmaleiförmig, dem Zweig anliegend und ihm mit der Spitze oft etwas zugewandt

Knospenschuppen rot bis rotbraun, oft mit schwarzen Rändern und über die ganze Fläche weiss behaart

Blattnarben dreispurig

▲
Junge Zweige rotbraun bis dunkelbraun, an der Spitze etwas behaart und sympodial wachsend

▶
Links oben und Mitte:
Seitenknospen an Langtrieben (6 mm/7 mm)
Rechts oben:
End- und Seitenknospe (9 mm/5 mm)
Links unten:
Seitenknospe an Kurztrieb (7 mm)
Rechts unten:
Seitenknospe und dreispurige Narbe (3 mm)

F	R	N	H	D	S	L	T	K	W	A	B	C
3	4	3	3	4	–	3	4	3	p	–	+	+

Méspilus germanica L.	Néflier	69
(M. vulgáris Rchb.)	Nespolo	
Mispel	Medlar	Seite 97

Verbreitung: Ursprünglich eine südosteuropäisch-südwestasiatische Pflanze
Standort: Kollin; an sonnigen Hängen, Felsen, Gartenzäunen, in Gebüschen, lichten Wäldern und Waldrändern
Baum-/Strauchhöhe: Bis 6 m hoher Baum oder Strauch

Knospen spitz-eiförmig

Knospenschuppen meist rot, eingekerbt, schwarz berandet und hell bewimpert

Baum oder Strauch wild meist dornig, in Kultur meist dornenlos

Blattnarben dreispurig

▲
Junge Zweige lichtseits rotbraun, schattenseits olivgrün, durch dichtes Haarkleid oft grauweiss erscheinend und sympodial wachsend

▶
Oben: Endknospen an neuen und stark behaarten Zweigen (3 mm/5 mm)
Unten: Zweigausschnitt

F	R	N	H	D	S	L	T	K	W	A	B	C
2	3	3	3	4	–	3	5	2	p	–	+	–

Mórus álba L.	Mûrier blanc	**70**
	Gelso	
Weisser Maulbeerbaum	White mulberry	Seite 107

Verbreitung: Ursprünglich eine ostasiatische Pflanze (China, Japan); heute in weiten Teilen Europas, Amerikas und Asiens kultiviert (bestes Futter für Seidenraupen)
Standort: Kollin; kultiviert, stellenweise in Hecken oder Wäldern verwildert
Baum-/Strauchhöhe: Bis 10 m hoher Baum oder Strauch

Endknospen eiförmig, vorn zugespitzt, die Seitenknospen an Grösse nicht überragend und leicht gekrümmt

Seitenknospen breit eiförmig, vorn zugespitzt oder stumpf und den Zweigen anliegend

Knospenschuppen hellbraun bis rotbraun, spitz oder abgerundet und mit dunklem Rand

Blattnarben mit mehreren zentral angeordneten Blattspuren

▶
Links oben:
End- und 2 Seitenknospen (4 mm/4 mm)
Rechts oben:
Gekrümmte Endknospe (4 mm)
Mitte:
Letztjährige Blattnarbe
Links unten:
Seitenknospen (5 mm/4 mm)
Rechts unten:
Seitenknospe und Blattnarbe mit zentral angeordneten Blattspuren

▲
Junge Zweige oliv bis graubraun, schattenseits grünlich und sympodial wachsend

F	R	N	H	D	S	L	T	K	W	A	B	C
3	3	3	4	4	–	3	5	2	p	–	+	–

Óstrya carpinifólia Scop.   Ostrie   71
(O. vulgáris Willd.)   Carpinello
Gemeine Hopfenbuche   Hophorn beam   Seite 61

Verbreitung: Südeuropäische Pflanze
Standort: Kollin und montan; an buschigen, sonnigen, steinigen Abhängen, Felsen, Waldrändern, in der Zone der Flaumeichenwälder
Baum-/Strauchhöhe: Bis 10 m hoher Baum oder Strauch

Endknospen spitz-eiförmig bis schmal kegelig, oft etwas gekrümmt und nicht viel grösser als die Seitenknospen

Seitenknospen schmal spitz-eiförmig und vom Zweig abstehend

Knospenschuppen hell- bis dunkelbraun, auch rotbraun, schattenseits grünlich, dunkel berandet und zugespitzt

Blattnarben einspurig

▲
Junge Zweige lichtseits rotbraun, schattenseits olivbraun, wollig behaart und sympodial wachsend

▶
Links oben:
Junge, noch grüne Endknospe (6 mm)
Rechts oben:
Junge Seitenknospen (5 mm)
Mitte:
Junge Endknospe, Seitenknospe und junge männliche Blütenstände (6 mm/8 mm)
Links und rechts unten:
Junge Seitenknospen (6 mm)

F	R	N	H	D	S	L	T	K	W	A	B	C
2	4	3	4	4	–	2	5	3	p	–	–	–

Pícea excelsa (Lam.) Link   Epicéa, Sapin rouge   **72**
[P. abies (L.) Karsten]   Abete rosso
Fichte, Rottanne   Norway spruce   Seite 28

Verbreitung: Ursprünglich eine nordeuropäische Pflanze
Standort: Ursprünglich subalpin; heute in der montanen und kollinen Stufe angepflanzt
Baumhöhe: Bis 55 m hoher Baum (Flachwurzler, daher nicht sturmfest)

Nadeln 10–25 mm lang, deutlich vierkantig, oft säbelförmig gekrümmt und vom Zweig seitlich und aufwärts abstehend

Endknospen stumpf kegelförmig bis spitzeiförmig und an Grösse die Seitenknospen nicht oder nur wenig übertreffend

Seitenknospen schlank eiförmig und vom Zweig abstehend

Knospenschuppen hellbraun bis dunkelbraun, meist zugespitzt und dunkelbraun oder schwarz berandet

▶

Links und rechts oben:
Verschiedenfarbige
End- und Seitenknospen
(5 mm)
Mitte:
Seitenknospen mit
Nadelunterseiten
(5 mm)
Links unten:
End- und Seitenknospen
(6 mm)
Rechts unten:
Ansatzstelle der Nadeln

▲
Junge Zweige hellbraun bis rotbraun, kahl und monopodial wachsend

F	R	N	H	D	S	L	T	K	W	A	B	C
3	X	3	4	X	–	1	2	3	i	–	–	–

Pínus cémbra L.	Auvier, Pincembro, Arole	73
	Zembra, Zimbro	
Zirbelkiefer, Arve, Zirbe	Swiss stone pine	Seite 29

Verbreitung: Alpin-karpatische Pflanze
Standort: Subalpin; vorwiegend an Nord- und Nordwesthängen
Baumhöhe: Bis 25 m hoher Baum (Flach- und Tiefwurzler, daher sturmfest)

Nadeln 5–12 cm lang, dreikantig, stumpfspitzig, zu 5 in einem Kurztrieb vom Zweig abstehend und fein gezähnt

Endknospen schmal-eiförmig, oft zugespitzt und meist verharzt

Knospenschuppen braun bis dunkelbraun, zugespitzt und durch Harz oft graugelb erscheinend

▲
Junge Zweige braungrün, rostrot bis dunkelbraun, filzig und monopodial wachsend

▶
Links und rechts oben:
Verharzte Endknospen
(11 mm/10 mm)
Mitte:
Gezähnte Nadelrückseite
Unten:
Ansatzstelle der 5nadeligen Kurztriebe

F	R	N	H	D	S	L	T	K	W	A	B	C
3	2	2	4	4	–	3	2	5	i	–	+	–

Pínus múgo Turra
(P. montána Mill.), Berg-Kiefer,
Berg-Föhre (Sammelart für 3 Sippen)

Pin de montagne 74
Pino nano, P. mugo
Swiss mountain pine — Seite 31

Verbreitung: Mittel- und südeuropäische Gebirgspflanze
Standort: Subalpin, seltener montan; an sonnigen Hängen, in schattigen Nordlagen oder in einer besonderen Sippe in Hochmooren
Baum-/Strauchhöhe: Aufrechter oder niederliegender Strauch oder bis 20 m hoher Baum

Nadeln 2–8 cm lang, halbstielrund, zu 2 in einem Kurztrieb, vorn zugespitzt und dem Zweig mehr oder weniger stark zugekrümmt

Endknospen rundlich und zugespitzt oder spitz-eiförmig und stark verharzt

Knospenschuppen hellbraun bis dunkelbraun, durch starke Verharzung oft ganze Knospe grauweiss erscheinend

▲
Junge Zweige braungrün, rotbraun bis dunkelbraun, kahl und monopodial wachsend

▶
Links und rechts oben:
Deutlich verharzte Endknospen (7 mm/12 mm)
Mitte:
Nadelrückseiten
Links unten:
Junger Zapfen nur wenig gestielt
Rechts unten:
Zweigausschnitt mit 2nadeligen Kurztrieben

F	R	N	H	D	S	L	T	K	W	A	B	C
2	3	2	X	X	–	4	2	4	i	–	–	–

Pínus nígra Arnold
(P. nigricans Host)
Schwarz-Föhre

Pin noir
Pino nero
Austrien pine

Seite 30

Verbreitung: Südeuropäische Gebirgspflanze
Standort: Kollin und montan; im Gebiet nur angepflanzt
Baumhöhe: Bis 40 m hoher Baum

Nadeln 8–15 cm lang, zu 2 in einem Kurztrieb, sehr derb, kaum gedreht und oft mit einer gelblichen Spitze

Endknospen breit-kegelförmig, bis in die Mitte ungefähr gleich dick bleibend, dann scharf zugespitzt oder spitz-eiförmig und mehr oder weniger stark verharzt

Knospenschuppen hellbraun bis dunkelbraun und meist zugespitzt

▲
Junge Zweige braungrün, rotbraun bis braunschwarz, kahl und monopodial wachsend

▶
Rechts oben und links Mitte:
Verschieden gestaltete Endknospen (8 mm/11 mm)
Rechts unten: Ansatzstelle der 2nadeligen Kurztriebe

F	R	N	H	D	S	L	T	K	W	A	B	C
2	4	2	3	3	–	4	5	3	i	–	+	–

Pínus stróbus L.	Pin blanc, Pin de Lord Weymouth	76
Weymouths-Föhre (Kiefer)	Pino	
Strobe	Eastern white pine	Seite 29

Verbreitung: Ursprünglich eine nordamerikanische Pflanze
Standort: Kollin, seltener montan; nur angepflanzt
Baumhöhe: Bis 60 m hoher Baum

Nadeln 8 bis 10 cm lang, zu 5 in einem Kurztrieb, dreikantig, sich weich anfühlend und zugespitzt

Endknospen zylindrisch und oben kurz zugespitzt oder spitz-eiförmig

Knospenschuppen hellbraun bis dunkelbraun, braunschwarz berandet und zugespitzt

▲
Junge Zweige olivgrün bis braun, kahl und monopodial wachsend

▶
Rechts oben:
Endknospen (7–15 mm)
Mitte links:
Endabschnitt eines Zweiges mit Endknospen und fünfnadeligen Kurztrieben
Rechts unten:
Ansatzstelle der fünfnadeligen Kurztriebe

F	R	N	H	D	S	L	T	K	W	A	B	C
3	X	2	4	3	–	3	4	3	i	–	–	–

Pínus sylvéstris L. **Pin sylvestre, P. commun** 77
(P. silvéstris L.) Pino di Scozia
Wald-Föhre, Wald-Kiefer Scotch pine Seite 31

Verbreitung: Eurosibirische Pflanze
Standort: Kollin, montan und subalpin; häufiger Waldbaum, auf Sandböden, Fels- und Schuttböden, an sonnigen und trockenen Abhängen und in Moorgründen
Baumhöhe: Bis 40 m hoher Baum

Nadeln bis 7 cm lang, zu 2 in einem Kurztrieb, halbstielrund, gedreht und stachelspitzig

Endknospen länglich-walzenförmig und abgerundet oder kurz zugespitzt

Knospenschuppen hell- bis dunkelbraun und durch starke Verharzung oft grauweiss erscheinend

▲
Junge Zweige olivgrün bis hellbraun, kahl und monopodial wachsend

▶
Links oben:
Zweigausschnitt mit Endknospe (7 mm)
Rechts oben:
Endknospen (5–12 mm)
Mitte:
Nadelinnenseite
Links unten:
Junger Zapfen mit kurzem, bereits leicht gekrümmtem Stiel
Rechts unten:
Je 2 Nadeln pro Kurztrieb

F	R	N	H	D	S	L	T	K	W	A	B	C
X	X	2	X	X	–	4	3	4	i	–	–	–

Plátanus acerifolia (Ait) Willd.   Plantane   78
(P. hybrida Brot.)   Platano
Gewöhnliche Platane, Ahornblättrige Platane   Plane tree   Seite 70

Verbreitung: P. occidentalis aus Amerika; P. orientalis eine südost-europäisch-südwestasiatische Pflanze
Standort: Kollin; nur angepflanzt als Alleebaum, in Gärten und Parks; es handelt sich um einen Bastard von P. occidentalis × P. orientalis
Baumhöhe: Bis 30 m hoher Baum

Knospen entwickeln sich innerhalb der trichterförmig erweiterten Blattstielbasis; erst nach Abfall der Laubblätter werden die Knospen sichtbar
End- und Seitenknospen kreiselförmig, längsgefurcht und allseits von einer haubenförmigen Schuppe umschlossen
Knospenschuppen schattenseits grünlich, sonnenseits rötlichbraun; eine einzige umschliesst jeweils eine Knospe
Blattnarben ringförmig, mit mindestens 5 Ausbuchtungen und zahlreichen Blattspuren

▶

Links oben: Schattenseite eines Zweiges mit grün gefärbter Seitenknospe (8 mm)
Rechts oben: Endknospen (Sonnen- und Schattenseite) (8 mm)
Mitte links: Durch Blattstiel umhüllte Seitenknospe
Mitte rechts: Seitenknospe an Kurztrieb (7 mm)
Links unten: Seitenknospen (Mehr zur Sonne gerichtet) (6 mm/7 mm)
Rechts unten: Neuer Trieb mit Seitenknospen (5 mm/3 mm)

▲
Junge Zweige schattenseits gelbgrün bis oliv, sonnenseits rotbraun überlaufen, zickzack geknickt und sympodial wachsend

F	R	N	H	D	S	L	T	K	W	A	B	C
4w	3	4	3	3	–	3	5	2	p	–	+	–

Pópulus álba L.

Weiss-Pappel, Silber-Pappel

Peuplier blanc, Ypréau
Pioppo bianco
Silver-leaf poplar

79

Seite 94

Verbreitung: Eurasiatische Pflanze; im Norden Europas nur angepflanzt
Standort: Kollin; am Rande von Auenwäldern, in Ufergebüschen und strauchförmig auf trockenen Alluvionen
Baum-/Strauchhöhe: Strauch oder bis 35 m hoher Baum

Endknospen spitz-eiförmig bis kegelförmig und nur wenig grösser als die Seitenknospen

Seitenknospen wie Endknospen gestaltet und vom Zweig abstehend

Blütenknospen kugelig, kurz zugespitzt und viel grösser als End- und Seitenknospen

Knospenschuppen hellbraun mit dunkelbraunen Rändern, abgerundet und teilweise wollig behaart

Blattnarben mit drei Spurengruppen (gut sichtbar sind 3 Blattspuren)

▶
Links oben:
Blatt- und Blütenknospen (4 mm/7 mm)
Rechts oben:
Blatt- und Blütenknospen an jungem Langtrieb
Links unten:
Seitenknospe an Kurztrieb (6 mm)
Rechts unten:
Blattnarbe mit 3 Blattspurengruppen

▲
Junge Zweige mit hellbraunem Untergrund, durch weissgraue Behaarung weisslich erscheinend und monopodial wachsend

F	R	N	H	D	S	L	T	K	W	A	B	C
3w	4	4	3	3	–	4	5	3	p	–	+	–

Pópulus nígra L.	Peuplier noir	80
Schwarz-Pappel	Pioppo nero	
	Black poplar	Seite 88

Verbreitung: Eurasiatische Pflanze
Standort: Kollin und montan; in Auenwäldern, an Ufern, auf Sandbänken, in feuchten Wäldern, an Strassen, an Seeufern und in Parkanlagen
Baumhöhe: Bis 30 m hoher Baum

Knospen meist klebrig und beim Aufbrechen balsamisch duftend

Endknospen schmal pyramidenförmig, lang zugespitzt und viel grösser als Seitenknospen

Seitenknospen schmal kegelförmig, dem Zweig anliegend und mit der Spitze von diesem meist abstehend

Knospenschuppen rotbraun, zugespitzt, gekielt und meist klebrig

Blattnarben dreispurig

▲
Junge Zweige glänzend, lehmgelb, zuweilen an der Spitze behaart und monopodial wachsend

▶
Links und rechts oben:
End- und Seitenknospe
(12 mm/8 mm)
Links und rechts unten:
Seitenknospen
(6–8 mm)

F	R	N	H	D	S	L	T	K	W	A	B	C
4w	4	4	3	3	–	3	4	3	p	–	+	–

Pópulus nigra ssp. itálica (Duroi) Moench Peuplier de Lombardie 81
(P. nigra ssp. pyramidalis (Roz.) Čelak. Pioppo cipressino
Pyramiden-Pappel Lombardy poplar Seite 102

Verbreitung: Südwestasiatische Pflanze, wurde bereits im 10. Jahrhundert bei Klöstern angepflanzt
Standort: Kollin und montan; an Landstrassen, Flussufern und besonders bei Bauernhäusern (Blitzableiter)
Baumhöhe: Bis 30 m hoher Baum mit schlank kegelförmigem Wuchs

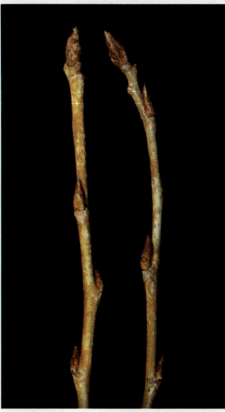

Endknospen schmal kegelförmig an der Spitze vielfach etwas abgerundet und grösser als Seitenknospen

Seitenknospen eiförmig, zugespitzt oder etwas abgerundet und dem Zweig anliegend

Knospenschuppen hell- bis dunkelbraun, oft etwas gekielt und am oberen Ende abgerundet oder leicht eingekerbt

Blattnarben dreispurig

▲
Junge Zweige gelbbraun, straff aufrecht gerichtet und monopodial wachsend

▶
Links und rechts oben: Endknospen und Blattnarben (10 mm)
Links unten: Seitenknospe an Langtrieb (6 mm)
Rechts unten: Seitenknospe mit Blattnarbe an Kurztrieb (6 mm)

F	R	N	H	D	S	L	T	K	W	A	B	C
3	3	3	3	3	–	4	3	3	p	–	+	–

Pópulus trémula L.	Peuplier tremble	82
(P. austrális Ten.)	Pioppo tremolo	
Aspe, Espe, Zitter-Pappel	European aspen	Seite 103

Verbreitung: Eurosibirische Pflanze
Standort: Kollin, montan und subalpin; in Gebüschen, Laubmischwäldern, Auen, Mooren, auf lichten Waldstellen, an Ufern und im Gebirge, auch auf felsigen Hängen in sonnigen Lagen
Baum-/Strauchhöhe: Strauch oder bis 10 m (seltener 30 m) hoher Baum

Endknospen Laubknospen schmal und spitz-eiförmig; Blütenknospen rundlich und zugespitzt

Seitenknospen der Langtriebe schmal, spitz-eiförmig, dem Zweig anliegend und diesem mit der Spitze meist etwas zugekehrt; Blütenknospen abstehend

Knospenschuppen hell- und dunkelbraun, durch verhärtetes Sekret miteinander verklebt, oben abgerundet und oft etwas eingekerbt

Blattnarben mit drei Blattspuren-Komplexen ▶

Links oben: End- und Seitenknospen an Zweig mit abblätternder Epidermis (8 mm/7 mm)
Oben Mitte: Blatt- und dicke Blütenknospe (6 mm/7 mm)
Rechts oben: End- und Seitenknospen an jungem Zweig (8 mm/6 mm)
Mitte: Abstehende Blütenknospe (7 mm)
Links unten: Seitenknospe an Langtrieb (7 mm)
Rechts unten: Seitenknospe an Kurztrieb (5 mm)

▲ Junge Zweige olivgrün bis graubraun, kahl und monopodial wachsend

F	R	N	H	D	S	L	T	K	W	A	B	C
3	3	3	3	4	–	4	3	3	p	–	+	–

Prúnus amygdalus Batsch	Amandier	83
(Amygdalus commúnis L.)	Mandorlo	
Mandelbaum	Almond-tree	Seite 106

Verbreitung: Ursprünglich eine südwestasiatische Pflanze
Standort: Kollin; in sehr warmen Gebieten (Flaumeichengebiete) angepflanzt
Strauchhöhe: Bis 6 m hoher Strauch

Endknospen eiförmig bis kegelförmig und etwas grösser als Seitenknospen

Seitenknospen kegelförmig, zugespitzt oder stumpf, einzeln oder zu mehreren auf gleicher Höhe und meist dem Zweig anliegend

Knospenschuppen gelblich, rotbraun, bis dunkelbraun, meist zugespitzt und an den Rändern weiss behaart

Blattnarben dreispurig

▶

Links oben:
End- und Seitenknospe
(Sonnenseite!)
(6 mm/3 mm)
Rechts oben:
Älterer Zweigabschnitt
mit 2 Seitenknospen
und sich ablösender
Epidermis (3–4 mm)
Rechts unten und links
Mitte:
Junger (Herbst 1981)
und älterer (Febr. 1982)
Zweigabschnitt mit
Seitenknospen
Links unten:
Mehrere Seitenknospen
auf gleicher Höhe
(4 mm)

▲
Junge Zweige braun bis rotbraun, kahl, etwas kantig und sympodial wachsend

F	R	N	H	D	S	L	T	K	W	A	B	C
2	3	3	3	4	–	4	5	2	p	–	–	+

Prúnus armeníaca L. — Abricotier — **84**
(Armeníaca vulgáris Lam.) — Albicocco
Marille, Aprikosenbaum — Common apricot — Seite 92

Verbreitung: Wahrscheinlich eine ostasiatische Pflanze (China), seit der Antike in unseren Gebieten angepflanzt
Standort: Kollin; angepflanzt in Weinbaugebieten
Strauchhöhe: Bis 4 m hoher Strauch

Endknospen spitz oder stumpf eiförmig und nicht grösser als Seitenknospen

Seitenknospen spitz-eiförmig und vom Zweig abstehend

Knospenschuppen hell- bis dunkelbraun, oft schwarz gefleckt, abgerundet oder eingekerbt und durch sich ablösende Epidermis fleckenweise silbergrau erscheinend

Blattnarben dreispurig

▲
Junge Zweige schattenseits olivgrün, sonnenseits rötlich überlaufen, kahl und sympodial wachsend

▶
Links oben:
End- und Seitenknospen
(5 mm/5 mm)
Rechts oben:
Seitenknospe mit sich ablösender Epidermis
(5 mm)
Links und rechts unten:
End- und Seitenknospen
(mit rundlichen Blütenknospen, 7 mm)

F	R	N	H	D	S	L	T	K	W	A	B	C
2	3	3	3	4	–	4	5	2	p	–	–	+

Prúnus ávium L.
[Cerasus avium (L.) Moench]
Kirschbaum

Cerisier
Cigliegia
Gean, Mazzard cherry

85

Seite 89

Verbreitung: Europäisch-westasiatische Pflanze
Standort: Kollin, seltener montan; in verschiedenen Sorten kultiviert und angepflanzt
Baumhöhe: Bis 25 m hoher Baum

Endknospen stumpf bis spitz-eiförmig und nicht grösser als Seitenknospen

Seitenknospen stumpf bis spitz-eiförmig und vom Zweig abstehend

Knospenschuppen rotbraun, glänzend, oben abgerundet, oft eingekerbt und mit welligem Rand

Blattnarben dreispurig

▶

Links oben:
End- und Seitenknospe an jungem Langtrieb (8 mm/7 mm)
Rechts oben:
Endknospen an jungem (Herbst 1981) und älterem (Februar 1982) Langtrieb (7 mm)
Mitte:
Seitenknospe mit dreispuriger Narbe (7 mm)
Rechts Mitte:
End- und Seitenknospen an Langtrieb (7 mm)
Links unten:
Seitenknospe an Langtrieb (7 mm)
Rechts unten:
Gehäufte Seitenknospen an Kurztrieb (7 mm)

▲
Junge Zweige graugrün bis graubraun, kahl und sympodial wachsend

F	R	N	H	D	S	L	T	K	W	A	B	C
3	3	3	3	4	–	3	4	3	p	–	–	+

Prúnus cérasus L.	Griottier	86
(Cerásus vulgáris Mill.)	Amarella	
Sauer-Kirsche, Weichsel-Kirsche	Wild cherry	Seite 90

Verbreitung: Ursprünglich eine südwestasiatische Pflanze
Standort: Kollin und montan; häufig als Spalier oder Strauch gepflanzt und in wärmeren Gebieten in feuchten Hecken, in Weinbergen oder Feldrainen verwildert
Baum-/Strauchhöhe: Strauch, oder bis 10 m hoher Baum

Endknospen breit-eiförmig, oben zugespitzt oder leicht abgerundet und nicht grösser als Seitenknospen

Seitenknospen breit-eiförmig, meist oben abgerundet und vom Zweig abstehend

Knospenschuppen im unteren Teil dunkelbraun bis schwarz, oben mehr hell- bis rotbraun, oben zugespitzt oder abgerundet und oft eingekerbt

Blattnarben dreispurig

▲
Junge Zweige dunkelgrün bis oliv, kahl, später hellbraun bis rötlich und sympodial wachsend

▶
Links oben:
End- und Seitenknospen
(7 mm/7 mm)
Rechts oben:
Abstehende Seitenknospen (6 mm)
Links unten:
Einzelne Seitenknospe
(6 mm)
Rechts unten:
Seitenknospe mit dreispuriger Narbe (6 mm)

F	R	N	H	D	S	L	T	K	W	A	B	C
3	3	3	3	4	–	3	4	4	p	–	–	+

Prúnus doméstica L. ssp. doméstica — Prunier / Pruno / Plum — 87

Zwetschgenbaum — Seite 98

Verbreitung: Ursprünglich eine südwestasiatische Pflanze
Standort: Kollin; in zahlreichen Sorten kultiviert
Baum-/Strauchhöhe: Strauch oder bis 6 m hoher Baum

Endknospen schmal-eiförmig, zugespitzt oder kegelförmig und nicht grösser als Seitenknospen

Seitenknospen kegelförmig und vom Zweig abstehend

Knospenschuppen im unteren Teil meist hell- bis dunkelbraun, oben braunschwarz, oft leicht behaart (besonders bei den unteren Schuppen), oben eingekerbt und mit einem oft leicht gefransten Rand

Blattnarben dreispurig

▶
Links oben: Schatten- und Sonnenseite eines Zweigendes
Rechts oben: End- und Seitenknospe (5 mm/5 mm)
Mitte: Diesjähriger Seitentrieb
Links unten: Seitenknospen an Sonnen- und Lichtseite (5 mm)
Rechts unten: Seitenknospe mit gut sichtbar behaarten Schuppen (6 mm)

▲
Junge Zweige lichtseits oliv bis braunrot, schattenseits grün, kurz behaart und sympodial wachsend

F	R	N	H	D	S	L	T	K	W	A	B	C
4	3	3	3	5	–	3	4	3	p	–	–	+

Prúnus doméstica ssp. itálica (Borkh.) Gams	Reine Claude	88
(P. itálica, P. claudiána)	Regina claudia	
Reineclaude, Edelpflaumen	Greengage	Seite 93

Verbreitung: Wahrscheinlich erst im späteren Mittelalter gezüchtet
Standort: Kollin; in mehreren Sorten kultiviert und angepflanzt
Baum-/Strauchhöhe: Strauch oder bis 5 m hoher Baum

End- und Seitenknospen eiförmig, von der Mitte an sich zuspitzend und gleiche Grösse aufweisend; Seitenknospen vom Zweig abstehend

Knospenschuppen rotbraun bis dunkelbraun, oft schwärzlich, durch sich ablösende Epidermis oft silbrig gefleckt, auf den Flächen oder am Rand fein behaart, oben abgerundet, eingekerbt und meist mit gefranstem Rand

Blattnarben dreispurig

▲
Junge Zweige dunkeloliv bis rotbraun, kahl und sympodial wachsend

▶
Links oben:
Seitenknospe mit letztjähriger Narbe (5 mm)
Rechts oben:
End- und Seitenknospe (5 mm/5 mm)
Links unten:
Seitenknospe mit sich ablösender Epidermis (5 mm)
Rechts unten:
Seitenknospe mit frischer Narbe (6 mm)

F	R	N	H	D	S	L	T	K	W	A	B	C
4	3	3	3	5	–	3	4	3	p	–	–	+

Prúnus insitítia L. **Prunier damas**
                       Prugnolo da siepe
Pflaumenbaum   **Bullace plum**   Seite 93

Verbreitung: Ursprünglich eine südwestasiatische Pflanze
Standort: Kollin und montan; in mehreren Sorten kultiviert und angepflanzt
Baum-/Strauchhöhe: Strauch oder bis 6 m hoher Baum

End- und Seitenknospen schmal kegelförmig bis spitz-eiförmig und gleiche Grösse aufweisend; Seitenknospen abstehend

Knospenschuppen rotbraun bis braunschwarz, mit deutlich gefranstem Rand und meist eingekerbt, seltener zugespitzt

Blattnarben dreispurig

▲
Junge Zweige oliv bis dunkelrotbraun, kahl und sympodial wachsend

▶
Links oben:
End- und Seitenknospen; Zweige an Sonnen-und Schattenseite (6 mm/6 mm)
Rechts Mitte:
Seitenknospe mit dreispuriger Narbe (5 mm)
Links unten:
Seitenknospen (5 mm)

F	R	N	H	D	S	L	T	K	W	A	B	C
3	3	3	3	4	–	4	4	3	p	–	–	+

Prúnus laurocérasus **Laurier-cerise** 90
(Cerasus laurocerasus) Lauro regio
[Lorbeer-Kirsche (L.) Lois.], Kirschlorbeer Laurel Seite 120

Verbreitung: Ursprünglich eine südeuropäisch-südwestasiatische Pflanze
Standort: Kollin; nur in Gärten und Parks angepflanzt
Baum-/Strauchhöhe: Strauch, seltener bis 6 m hoher Baum

▲
Junge Zweige grün, kahl und sympodial wachsend

Laubblätter verkehrt-eiförmig, 5–12 cm lang, ganzrandig oder zur Spitze hin gezähnt, lederig, oberseits glänzend dunkelgrün, unterseits heller grün und nach unten umgebogen; Blattstiel 1 cm lang

Endknospen kugelig bis spitz-eiförmig und Seitenknospen an Grösse überragend

Seitenknospen spitz-eiförmig und vom Zweig mehr oder weniger stark abstehend

Knospenschuppen gelbgrün bis grün, oft dreispitzig, braun berandet (äussere Schuppen) und fein weiss bewimpert (innere Schuppen); frühzeitig abfallend

▶
Links oben:
Endknospen und am jungen Zweig sich ablösende Epidermis (weissliche Flächen) (4 mm/7 mm)
Rechts Mitte:
Leicht abstehende Seitenknospe (6 mm)
Unten:
End- und Seitenknospen (7 mm/4 mm)

F	R	N	H	D	S	L	T	K	W	A	B	C
3	3	3	3	4	–	3	5	2	i	–	+	+

Prúnus máhaleb L.	Bois de Sainte Lucie	
[Cerasus mahaleb (L.) Mill.]	Ciliegio canino	
Felsen-Kirsche, Steinweichsel	Rockcherry	Seite 91

Verbreitung: Südeuropäisch-südwestasiatische Pflanze
Standort: Kollin und montan; an sonnigen, trockenen Felshängen (besonders auf Kalk), in Gebüschen, Hecken und Flaumeichenwäldern
Baum-/Strauchhöhe: Strauch, oder bis 12 m hoher Baum

Endknospen eikegelförmig und nicht grösser als Seitenknospen

Seitenknospen eher spitz-eiförmig, oben zuweilen auch abgerundet und vom Zweig abstehend

Knospenschuppen anfangs hellbraun, später braunrot mit schwarzen Rändern, oft gekielt und zugespitzt oder abgerundet

Blattnarben dreispurig

Links und rechts oben:
End- und Seitenknospen
(4 mm/3–5 mm) an
Langtrieben mit abblätternder Epidermis
Links Mitte:
End- und Seitenknospen
an sehr jungem
(Herbst 1981) Langtrieb
(5 mm/6 mm)
Rechts Mitte:
Abblätternde Epidermis
an Langtrieb
Links unten:
Seitenknospe an Kurztrieb (4 mm)
Rechts unten:
Seitenknospe an Langtrieb (5 mm)

Junge Zweige oliv bis hellbraun, dicht grauweiss behaart und sympodial wachsend

F	R	N	H	D	S	L	T	K	W	A	B	C
1	4	2	3	4	–	4	5	3	p	–	–	+

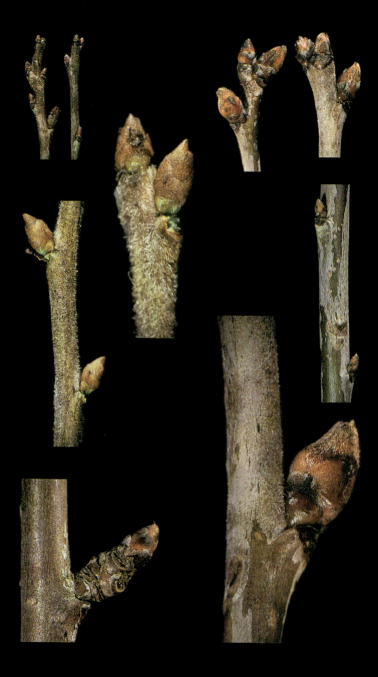

Prúnus pádus L.
[Cerasus padus (L.) Delabre]
Trauben-Kirsche

Putiet
Pado
Bird-cherry

92

Seite 101

Verbreitung: Eurasiatische Pflanze
Standort: Kollin und montan; entlang den Flüssen, in Auenwäldern, feuchten Gebüschen, Schluchten, Hecken und auf Flachmooren
Baum-/Strauchhöhe: Strauch oder bis 10 m hoher Baum

Endknospen eikegelförmig bis schmal-pyramidenförmig, lang zugespitzt und die Seitenknospen an Grösse nur wenig, ausnahmsweise stark übertreffend

Seitenknospen schmal-eiförmig, lang zugespitzt und dem Zweig anliegend oder leicht abstehend

Knospenschuppen hellbraun, dunkelbraun gefleckt oder dunkelbraun, meist zugespitzt oft leicht gekielt und mit hellbraunen Wimpern an den Rändern

Blattnarben dreispurig

▲
Junge Zweige lichtseits braunrot, schattenseits grünocker, kahl und sympodial wachsend

▶
Links und rechts oben:
End- und Seitenknospen
(links: Schattenseite;
rechts: Sonnenseite)
(8 mm/6 mm)
Mitte:
Seitenknospe mit dreispuriger Narbe (7 mm)
Links und rechts unten:
Anliegende und leicht abstehende Seitenknospe (7 mm)

F	R	N	H	D	S	L	T	K	W	A	B	C
4w	4	3	3	5	–	2	4	2	p	–	–	+

Prúnus pérsica (L.) Batsch — Pêcher — 93
(Amýgdalus pérsica L.) — Pesco
Pfirsichbaum — Peash — Seite 95

Verbreitung: Ursprünglich aus China, seit dem 5. Jahrhundert in Mitteleuropa kultiviert
Standort: Kollin; angebaut in Weinbaugebieten, kaum verwildert
Baum-/Strauchhöhe: Strauch, oder bis 8 m hoher Baum

Endknospen eiförmig und nicht grösser als Seitenknospen

Seitenknospen schmal spitz-eiförmig oder breit-eiförmig und dem Zweig anliegend oder etwas abstehend

Knospenschuppen zugespitzt, mit gelbbraunem Untergrund und durch ausgeprägtes Haarkleid grauweiss erscheinend

Blattnarben dreispurig

▶

Links oben:
End- und Seitenknospen an sonnenseits gewendeter Zweigseite (6 mm/6 mm)
Rechts oben:
1–3 Seitenknospen auf gleicher Höhe (6 mm)
Links unten:
Zweigausschnitt (schattenseits) mit 2 Seitenknospen (6 mm)
Mitte:
Dreispurige Narbe
Rechts unten:
Zweigausschnitt (sonnenseits) mit 2 Seitenknospen (6 mm)

▲
Junge Zweige lichtseits intensiv rot, schattenseits grün, kahl und sympodial wachsend

F	R	N	H	D	S	L	T	K	W	A	B	C
2	3	3	3	4	–	4	5	3	p	–	–	+

Prúnus spinósa L.   **Prunellier**   **94**
(Drupária spinósa Clairv.)   Pruno
Schwarzdorn, Schlehdorn   Sloe   Seite 66

Verbreitung: Europäisch-westasiatische Pflanze
Standort: Kollin und montan; Strauchpionier auf verlassenen Äckern und Wiesen, Waldschlägen, an sonnigen Fels- und Schutthängen und Waldrändern
Strauchhöhe: Bis 3 m hoher Strauch

Laubknospen spitz-eiförmig, halbkugelig oder kugelig und oft von kugeligen **Blütenknospen** flankiert; Seitenknospen anliegend bis leicht abstehend

Knospenschuppen hellbraun, rotbraun bis dunkelbraun, oft bewimpert oder behaart und meist zugespitzt

Blattnarben dreispurig

▲
Junge Zweige lichtseits rotviolett, schattenseits olivbraun, meist kahl und sympodial wachsend

▶
Links oben:
End- und Seitenknospen mit einer sich öffnenden Blütenknospe
(2 mm/2 mm)
Rechts oben:
Älterer Zweig mit Dornenden und Blattknospen von je 2 Blütenknospen flankiert
(2 mm/3 mm)
Links unten:
Seitenknospen (2 mm)
Rechts unten:
3 Seitenknospen auf gleicher Höhe und dreispurige Blattnarbe

F	R	N	H	D	S	L	T	K	W	A	B	C
2	4	3	3	3	–	4	4	3	n	–	+	+

Pýrus commúnis var. sativa L.	Poirier	95
Birnbaum	Pero	
	Pear-tree	Seite 92

Verbreitung: Europäisch-westasiatische Pflanze
Standort: Kollin und montan; in zahlreichen Sorten kultiviert und angepflanzt
Baum-/Strauchhöhe: Strauch oder bis 20 m hoher Baum

Endknospen breit pyramidenförmig und kleiner als Seitenknospen

Seitenknospen eiförmig, lang zugespitzt und vom Zweig abstehend

Knospenschuppen dunkelbraun bis schwarz, im oberen Teil gekielt, zugespitzt und am Rand fein behaart

Blattnarben dreispurig

▲
Junge Zweige oliv bis rotbraun, kahl, glänzend und sympodial wachsend

▶
Links oben:
End- und Seitenknospe
(4 mm/6 mm)
Rechts oben:
Seitenknospe mit
frischer dreispuriger
Blattnarbe (5 mm)
Links und rechts unten:
Seitenknospen
(6 mm/7 mm)

F	R	N	H	D	S	L	T	K	W	A	B	C
3	3	3	3	4	–	3	4	3	p	–	+	+

Pýrus nivális Jacq.
(Pirus commúnis ssp. nivális Jacq.)
Schnee-Birne, Leder-Birne

Poirier de neige
Pero di neve
Snow pear

96

Seite 98

Verbreitung: Europäisch-westasiatische Pflanze
Standort: Kollin und montan; selten; an sonnigen, ziemlich trockenen Waldrändern, Strassenrändern, in Hecken und Weinbergen
Baumhöhe: Bis 17 m hoher Baum

Endknospen breit-eiförmig, oben meist abgerundet oder abgeflacht, seltener zugespitzt und nicht viel grösser als Seitenknospen

Seitenknospen sehr breit-eiförmig, von der Mitte an zugespitzt und vom Zweig abstehend

Knospenschuppen hellbraun bis dunkelbraun, meist mit schwarzer Spitze, im oberen Teil oft gekielt und durch dichtes Haarkleid meist grauweiss erscheinend; Kurztriebknospen meist nur schwach behaart; innere Schuppen meist kahl

Blattnarben dreispurig

▲
Oberste Abschnitte junger Zweige oliv bis braun und dicht behaart; später verkahlend, dunkelbraun und sympodial wachsend

Links und rechts oben:
Stark behaarte End- und Seitenknospen
(5 mm/5 mm)
Links Mitte:
Seitenknospe an Kurztrieb (4 mm)
Rechts Mitte:
End- und Seitenknospe an Langtrieb
(6 mm/5 mm)
Links unten:
Seitenknospe an langem Kurztrieb (4 mm)
Rechts unten:
Seitenknospe an Langtrieb (5 mm)

F	R	N	H	D	S	L	T	K	W	A	B	C
2	3	3	3	3	–	4	4	3	p	–	–	+

Quércus cérris L.	Chêne chevelu	97
(Q. echináta Salisb.)	Cerro	
Zerr-Eiche	European Turkey oak	Seite 108

Verbreitung: Südosteuropäische Pflanze
Standort: Kollin; in heissen Lagen, zerstreut in Wäldern (besonders in Flaumeichenwäldern)
Baum-/Strauchhöhe: Strauchförmig oder bis 30 m hoher Baum

Endknospen am Ende der Triebe gehäuft, schmal-eiförmig und nicht viel grösser als Seitenknospen

Seitenknospen breit-eiförmig und vom Zweig leicht abstehend

Knospenschuppen hellbraun bis dunkelbraun, behaart und in eine lange Spitze auslaufend, welche die Knospe weit überragt

Blattnarben vielspurig

▲
Junge Zweige olivbraun, rauh behaart und monopodial wachsend

▶
Oben:
End- und Seitenknospen
(7 mm/7 mm)
Unten:
Seitenknospen
(7 mm/6 mm)

F	R	N	H	D	S	L	T	K	W	A	B	C
2	3	2	3	4	–	4	5	3	p	–	–	+

Quércus ilex L.	Yeuse, Chêne vert	98
(Q. sempérvirens Mill.)	Elice, Leccio	
Stechpalmen-Eiche, Stein-Eiche	Holly Oak	Seite 118

Verbreitung: Mediterrane Pflanze
Standort: Kollin; in heissen Lagen an felsigen Hängen (Tessin: Monte di Caslano); im mediterranen Gebiet bestandbildend
Baum-/Strauchhöhe: Strauch, seltener bis 20 m hoher Baum

Laubblätter zuerst beidseitig behaart, später oberseits kahl, dunkelgrün, unterseits heller grün und am Rande spitz gezähnt oder glatt; 2 Jahre alt werdend

Endknospen am Ende der Triebe gehäuft, eiförmig und nicht grösser als Seitenknospen

Seitenknospen schmal- oder breit-eiförmig, oben auch abgeplattet und vom Zweig abstehend

Knospenschuppen braunrot bis braunschwarz, oben abgerundet, hin und wieder eingekerbt und stark behaart

▲
Junge Zweige mit graubraunem Untergrund, dicht behaart und monopodial wachsend

▶
Links oben: Seitenknospe an älterem Zweig (4 mm)
Rechts oben: Endabschnitt mit gehäuften Endknospen und 3 Seitenknospen (4 mm/4 mm)
Links und rechts unten: Verschieden gestaltete Seitenknospen an stark behaarten Zweigen (4 mm/7 mm)

F	R	N	H	D	S	L	T	K	W	A	B	C
1	3	3	3	4	–	3	5	2	i	–	–	+

316

Quércus, petraéa (Matt.) Liebl.	Chêne à trochets	99
(Q. sessiliflóra Salisb.)	Quercia, Eschio	
Trauben-Eiche, Stein-Eiche	Chestnut oak	Seite 109

Verbreitung: Europäische Pflanze
Standort: Kollin, seltener montan; in Eichen-Hagebuchwäldern, an sonnigen, buschigen Abhängen und auf Heidewiesen
Baumhöhe: Bis 40 m hoher Baum

Endknospen am Ende der Zweige gehäuft, schmal- und spitz-eiförmig oder kegelförmig und grösser als Seitenknospen

Seitenknospen kegelförmig, schlanker als bei Quércus róbur und vom Zweig abstehend

Knospenschuppen hellbraun bis gelbbraun, oft mit dunkelbraunen und weiss behaarten Rändern und oben abgerundet oder leicht zugespitzt

Blattnarben vielspurig

▲
Junge Zweige leicht kantig, oliv bis grau, kahl und monopodial wachsend

▶
Links oben und rechts Mitte:
Gehäufte Endknospen (11 mm)
Links unten:
Seitenknospen (8 mm)

F	R	N	H	D	S	L	T	K	W	A	B	C
2	X	2	3	3	–	3	4	3	p	–	–	+

Quércus pubéscens Willd.   Chêne pubescant   100
(Q. lanuginósa Thuill.)   Quercia pubescent
Flaum-Eiche   Pubescent oak   Seite 109

Verbreitung: Südeuropäische Pflanze
Standort: Kollin, seltener montan; an sonnigen Hügeln, warmen, buschigen, steinigen Abhängen, in Flaumeichenwäldern und lichten Föhrenwäldern
Baumhöhe: 3–20 m hoher Baum

Endknospen am Zweigende gehäuft, spitz-eiförmig und die Seitenknospen meist an Grösse überragend

Seitenknospen spitz-eiförmig bis breit-eiförmig, immer zugespitzt, hin und wieder gekrümmt und dem Zweig anliegend oder von diesem abstehend

Knospenschuppen rotbraun, oben abgerundet, seltener etwas gekielt oder zugespitzt, mit sehr breitem schwarzem Rand und mehr oder weniger stark behaart

Blattnarben vielspurig

▶

Links oben:
Einzelne End- und Seitenknospe und alter Blattstiel (6 mm)
Oben Mitte und rechts oben:
Gehäufte Endknospen
Mitte:
Seitenknospen an älterem und jüngerem Trieb (4 mm)
Links und rechts unten:
Ältere und jüngere Seitenknospe (6 mm/5 mm)

▲
Junge Zweige oliv bis braun, gegen die Spitze zu flaumig behaart und monopodial wachsend

F	R	N	H	D	S	L	T	K	W	A	B	C
2	4	2	3	3	–	3	5	3	p	–	–	+

Quércus róbur L.	Chêne commun	101
(Q. pedunculáta Ehrh.)	Quercia commune	
Stiel-Eiche, Sommer-Eiche	Common oak	Seite 110

Verbreitung: Europäische Pflanze
Standort: Kollin, seltener montan; ebene Hänge oder Hänge mit weniger als 30% Neigung im Gebiet des Ackerbaus
Baumhöhe: Bis über 50 m hoher Baum

Endknospen am Zweigende gehäuft, dick-eikegelförmig, oben zugespitzt oder abgerundet und nicht grösser als Seitenknospen

Seitenknospen spitz-eiförmig und vom Zweig abstehend

Knospenschuppen gelbbraun bis hellbraun, abgerundet, oft mit einer dünnen dunkelbraunen Randlinie und an den Rändern kurz weiss behaart

Blattnarben vielspurig

▶
Links und rechts oben:
Junges (Herbst 1981)
und älteres (Febr. 1982)
Zweigende mit gehäuften Endknospen (6 mm)
Links und rechts Mitte:
Seitenknospen an
jüngeren Zweigen
(6 mm)
Mitte:
Seitenknospe an
älterem Zweig (6 mm)
Links unten:
Neue, vielspurige Narbe
Rechts unten:
Beinahe gegenständige
Seitenknospen (7 mm)

▲
Jüngste Zweige olivgrün, später durch sich ablösende Epidermis graubraun, kahl und monopodial wachsend

F	R	N	H	D	S	L	T	K	W	A	B	C
3w	X	3	4	4	–	3	4	3	p	–	+	+

| Quércus suber | Chêne-liège | 102 |
| Kork-Eiche | Sughera / Cork oak | Seite 118 |

Verbreitung: Mediterrane Pflanze
Standort: Kollin; überwintert zum Beispiel in Vitznau am Vierwaldstättersee; im westlichen Mittelmeergebiet verbreitet
Baumhöhe: 15–25 m hoher Baum

Laubblätter oval, zugespitzt, mit fein gezähntem Blattrand, dunkelgrüner Ober- und grauweisser Unterseite

Endknospen am Ende der Triebe gehäuft, eiförmig, hin und wieder zugespitzt und nicht grösser als Seitenknospen

Seitenknospen eiförmig und vom Zweig abstehend

Knospenschuppen dunkelbraun, durch dichte Behaarung graubraun erscheinend

▲
Junge Zweige mit hell- bis dunkelbraunem Untergrund, starker Behaarung und monopodialer Wachstumsart

Links oben:
Gehäufte Endknospen (5 mm)
Rechts oben:
Endabschnitt mit gehäuften Endknospen und Seitenknospen (5 mm/4 mm)
Links unten:
Seitenknospe (4 mm)

F	R	N	H	D	S	L	T	K	W	A	B	C
1	4	3	4	3	–	4	5	2	i	–	–	+

Rhámnus alpína L. — Nerprun des alpes — 103
[Oreoherzogia alpina (L.) W. Vent] — Ramno alpino
Alpen-Kreuzdorn — Alpine buckthorn — Seite 101

Verbreitung: Mittel- und südeuropäische Gebirgspflanze
Standort: Montan, seltener kollin oder subalpin; auf kalkhaltigen, trockenen Böden in sonniger Lage, auf Felsen, im Geröll, in Hecken und lichten Wäldern
Strauchhöhe: Bis 3 m hoher Strauch

Endknospen schmal und spitz-eiförmig, meist gekrümmt und nicht grösser als Seitenknospen

Seitenknospen spitz-eiförmig und dem Zweig anliegend oder von ihm leicht abstehend

Knospenschuppen braun bis dunkelbraun oder rotbraun, schwarz berandet, flaumig behaart und besonders die unteren Schuppen deutlich gekerbt

▲ Junge Zweige hellgrau bis braungrau, kahl und monopodial wachsend

▶ Oben: End- und Seitenknospen (11 mm/11 mm)
Links- und rechts unten: Seitenknospen (10 mm/11 mm)

F	R	N	H	D	S	L	T	K	W	A	B	C
2	4	2	3	2	–	3	3	3	n	–	–	+

Rhámnus cathártica L.
Gemeiner Kreuzdorn
Purgier-Kreuzdorn

Nerprun purgatif
Ramno catartico
Common buckthorn

104

Seite 44

Verbreitung: Eurasiatische Pflanze
Standort: Kollin und montan; an trockenen oder nassen Waldrändern, in Hecken und Mooren, Auenwäldern oder Gräben
Strauchhöhe: Bis 3 m hoher Strauch

▲
Junge Zweige hellgrau oder grau, oliv gefleckt, kahl und monopodial wachsend

Endknospen schmal- und spitz-eiförmig bis länglich, mit der Spitze zum Zweig hin gekrümmt und nicht grösser als Seitenknospen

Seitenknospen meist schmal- und spitz-eiförmig, meist schief gegenständig und dem Zweig eng anliegend

Knospenschuppen mit dunkelbraunen und schwarzen Flecken, kurz zugespitzt oder abgerundet und teilweise eingekerbt und oft gekielt

Blattnarben dreispurig

▶

Links und rechts oben:
Schief-gegenständig angelegte Endknospen und Zweig links mit einem kurzen Dorn endend
Mitte:
End- und Seitenknospen an einem älteren Trieb (7 mm/6 mm)
Links unten:
Seitenknospen und Endknospen (Zweig mit Dorn endend) (7 mm)
Rechts unten:
Seitenknospen an Kurztrieb (6 mm)

F	R	N	H	D	S	L	T	K	W	A	B	C
3w	4	2	4	5	–	3	4	3	n	–	+	+

Rhododéndron ferrugíneum L.	Laurier rose des alpes	105
	Rosa delle alpi	
Rostblättrige Alpenrose	Rusty-leaved Alpenrose	Seite 117

Verbreitung: Mittel- und südeuropäische Gebirgspflanze
Standort: Subalpin; auf Böden mit stets mächtiger, saurer Rohhumusauflage in Gebieten mit langer Schneebedeckung
Strauchhöhe: Bis 1 m hoher Strauch

Laubblätter 1–4 cm lang, 2–3 cm breit, grösste Breite in der Mitte, mit 2–6 mm langem Stiel, derb, oval oder lanzettlich, ganzrandig, mit nach unten gebogenem Rand und mit kugeligen Drüsen auf der Unterseite

Blütenknospen eiförmig bis schmal-eiförmig, mit gelbgrünen, am Ende kurz zugespitzten, am Rande fein weiss behaarten, oft etwas gekielten und mit braunen Kugeldrüsen besetzte Schuppen

Blattknospen schmal-eiförmig, oft am Ende zugespitzt, mit grünen, am Rande fein behaarten, zugespitzten und oft mit braunen Kugeldrüsen besetzten Schuppen

▶

Links und rechts oben:
Ältere Blütenknospe
(Februar 1982) (11 mm)
Mitte:
Laubblätter (Unterseite/Oberseite; bald abfallendes Blatt und Oberseite eines jungen Blattes)
(20 mm)
Links unten:
Laubblattknospen (7 mm)
Schmal-eiförmige Blütenknospe (11 mm)

▲
Junge Zweige gelbgrün, durch dunkelbraune Drüsen und deren Ausscheidungen aber dunkelbraun bis schwarz gefärbt

F	R	N	H	D	S	L	T	K	W	A	B	C
3	2	2	5	4	–	3	2	2	i	–	+	+

| Rhododéndron hirsútum L. | Rhododendron hérissé | 106 |
| Behaarte Alpenrose | Rosa delle Alpi; Rododendro hirsuto Hairy Alpenrose | Seite 117 |

Verbreitung: Mittel- und Ostalpenpflanze
Standort: Subalpin; auf stets kalkhaltiger Unterlage in lichten Wäldern, Blockrevieren, auf steinigen, bodenarmen Hängen und in sehr schattigen, lange schneebedeckten Lagen
Strauchhöhe: Bis 1 m hoher Strauch

Laubblätter oval bis schmal-eiförmig, oft zugespitzt, oberseits dunkelgrün, unterseits hellgrün, mit zuerst hellen, später dunkleren und kugeligen Drüsen auf der Unterseite und mit 1–2 mm langen Haaren an den Rändern

Endknospen schmal- oder breiteiförmig und oben zugespitzt oder abgerundet

Knospenschuppen grün, rot, hell- oder dunkelbraun berandet, zugespitzt und mit weissem Wimpernrand

▲ Junge Zweige gelbgrün und behaart

► Links oben: Laubblätter mit behaarten Rändern und Endknospe (10 mm)
Rechts oben: Endknospe (11 mm)
Links unten: Zweigausschnitt mit Endknospe (9 mm)
Rechts unten: Laubblätter (Ober- und Unterseite)

F	R	N	H	D	S	L	T	K	W	A	B	C
3w	4	2	5	4	–	3	2	2	i	–	+	+

Ribes alpínum L.
(R. dioécum Moench)
Alpen-Johannisbeere

Groseillier des alpes
Ribes
Alpine currant

107

Seite 102

Verbreitung: Europäisch-südwestasiatische Pflanze
Standort: Montan und subalpin; zerstreut und vereinzelt in steinigen Bergwäldern, Schluchtwäldern und in Gebüschen
Strauchhöhe: Bis 1,5 m hoher Strauch

Endknospen zylindrisch oder spitz-eiförmig und nicht viel grösser als Seitenknospen

Seitenknospen schmal und spitz-eiförmig, mit der Spitze meist dem Zweig zugewandt und diesem eng anliegend

Knospenschuppen hellbraun bis gelbbraun, zugespitzt und untere Schuppen deutlich gekielt

Blattnarben dreispurig

▲
Junge Zweige gelblich, hellbraun bis grau, kahl und sympodial wachsend

▶
Links oben:
Seitenknospen (6 mm)
Rechts oben:
Endknospe (7 mm)
Rechts unten:
Seitenknospe an Kurztrieb (7 mm)

F	R	N	H	D	S	L	T	K	W	A	B	C
3	4	3	3	1	–	3	2	4	n	–	–	+

Ribes rúbrum L.
(R. vulgare Lam.)
Garten-Johannisbeere, Rote Johannisbeere

Groseillier commun
Ribes rosso
Red currant

108
Seite 100

Verbreitung: Wahrscheinlich eine westeuropäische Pflanze
Standort: Kollin und montan; in Gebüschen und feuchten Wäldern
Strauchhöhe: 1–2 m hoher Strauch

Endknospen nicht einzeln, sondern am Ende der Triebe gehäuft, schmal- und spitz-eiförmig und nicht viel grösser als Seitenknospen

Seitenknospen an Langtrieben einzeln, spitz-eiförmig und vom Zweig abstehend; an Kurztrieben mehrere spitz-eiförmige Knospen gehäuft

Knospenschuppen dunkelbraun bis schwarz, oben abgerundet oder kurz zugespitzt, oft gekielt und meist mit weiss bewimpertem Rand

Blattnarben dreispurig

▲
Junge Zweige hellbraun bis grau, mit dunklen Flecken und sympodial wachsend

▶
Links und rechts oben: End- und Seitenknospen (6 mm/5 mm)
Mitte: Seitenknospe mit frischer und dreispuriger Blattnarbe
Links unten: Seitenknospen an Kurztrieb (4 mm)
Rechts unten: Seitenknospen an Langtrieben (5 mm)

F	R	N	H	D	S	L	T	K	W	A	B	C
4	3	4	3	4	–	2	3	2	n	–	+	+

Ribes uva-críspa L.
(Ribes grossularia L.)
Stachelbeere

Groseillier des haies
Uva spina
Gooseberry

109

Seite 67

Verbreitung: Eurasiatische Pflanze
Standort: Kollin und montan; in Hecken, Auen, Gebüschen, lichten Wäldern, an Felsblöcken, buschigen Hügeln und Ackerrändern
Strauchhöhe: Bis 1,5 m hoher Strauch

Endknospen länglich-eiförmig, oben zugespitzt, meist gebogen und nicht grösser als Seitenknospen

Seitenknospen länglich-eiförmig, oben zugespitzt oder leicht abgerundet und vom Zweig abstehend

Knospenschuppen rötlich bis braun, meist zugespitzt, gekielt und am Rand bewimpert

Blattnarben dreispurig

▲
Junge Zweige hellgrau bis hellbraun berindet, mit schwarzen Punkten und sympodial wachsend

▶
Links oben:
Seitenknospe mit Ansatzstelle zweier Stacheln (6 mm)
Rechts oben:
End- und Seitenknospen in den Achseln der Stacheln (5 mm/5 mm)
Links unten:
Älterer und jüngerer Zweig mit sich ablösender Epidermis und Seitenknospen (6 mm)
Rechts unten:
Seitenknospe und Stacheln (5 mm)

F	R	N	H	D	S	L	T	K	W	A	B	C
3	3	4	3	4	–	2	3	4	n	–	+	+

Robínia pseudoacácia L. Acacia, Faux acacia, Robinier **110**
Acacia-cascia
Robinie, Silberregen False acacia **Seite 63**

Verbreitung: Ursprünglich eine nordamerikanische Pflanze
Standort: Kollin, seltener montan; in milderen Lagen in lichten Wäldern, auf Dämmen und Schuttplätzen
Baumhöhe: Bis 25 m hoher Baum

End- und Seitenknospen unterhalb der Narbe verborgen, daher nicht sichtbar

Blattnarben meist etwas aufgerissen und ohne deutliche Blattspuren

▲
Junge Zweige grün bis rotbraun, mit dunkelbraunen bis schwarzen Flächen und sympodial wachsend

▶
Links und rechts oben: End- und Seitenknospe unterhalb der Narbe verborgen
Mitte: Aufgerissene Narbe
Links und rechts unten: Seitenknospen unterhalb der Narben verborgen (5 mm grosse Narben)

F	R	N	H	D	S	L	T	K	W	A	B	C
2	3	4	3	3	–	3	4	2	p	–	+	+

Rúbus fruticósus L.	Mûres	111
(Formenreiche Sippe)	Rovo	
Echte Brombeere	Blackberry	Seite 67

Verbreitung: Europäische Pflanze
Standort: Kollin und montan; in Gärten, Lichtungen und an Waldrändern
Strauchhöhe: Schösslinge aufrecht, flachbogig oder niederliegend

Die **Laubblätter** bleiben oft grün und im Winter meist erhalten

Seitenknospen schmaleiförmig, meist zugespitzt, vom Zweig abstehend und an der Spitze leicht behaart

Knospenschuppen grün, olivbraun oder rotviolett, zugespitzt und fein behaart

Blattnarben keine vorhanden

▲
Junge Zweige lichtseits dunkelrot, schattenseits grün, bestachelt, mit Drüsenhaaren und sympodial wachsend

▶
Links oben:
Rötlich gefärbte Seitenknospe (6 mm)
Rechts Mitte und unten:
Schattenseite des Zweiges und Seitenknospen mit Beiknospen (9 mm)
Links Mitte:
Sonnenseite des Zweiges und Seitenknospe mit Beiknospe (8 mm)

F	R	N	H	D	S	L	T	K	W	A	B	C
3	3	4	3	4	–	3	4	3	n	–	+	–

Rúbus idáeus L. — Framboisier / Frambosa — 112

Himbeere — Raspberry — Seite 68

Verbreitung: Eurosibirische Pflanze
Standort: Kollin, montan, subalpin, seltener alpin; in Waldschlägen, Gärten, Gebüschen, Hochstaudenfluren, an Bahndämmen, Mauern und auf Schutthalden
Strauchhöhe: Bis 1 m hoher Strauch

Endknospen schmal- oder spitz-eiförmig und die Seitenknospen an Grösse meist überragend

Seitenknospen schmal-eiförmig, oben abgerundet oder leicht zugespitzt und dem Zweig anliegend oder von diesem abstehend

Knospenschuppen braunrot, abgeflacht oder zugespitzt und meist gekielt

Blattnarben keine vorhanden

▲
Junge Zweige grün, im 2. Jahr verholzt, gelbbraun bis dunkelbraun mit dunkelroten Stacheln besetzt und sympodial wachsend

►
Oben:
End- und Seitenknospen
(9 mm/5 mm)
Links und rechts unten:
Seitenknospen und
bestachelte Triebe
(7 mm)

F	R	N	H	D	S	L	T	K	W	A	B	C
3	3	4	3	2	–	3	3	3	n	–	+	–

Rúscus aculeátus L. — Fragon, Houx-frelon — **113**
Stechender Mäusedorn — Bruscolo
Dornmyrte — Butcher's Broom — Seite 116

Verbreitung: Mediterrane Pflanze (besonders in Süd- und Westeuropa)
Standort: Kollin; stellenweise am Südfuss und im Süden der Alpen in Wäldern, Gebüschen und an warmen, steinigen und trockenen Abhängen
Strauchhöhe: 40–80 cm hoher Strauch

Scheinblätter (genauer: blattartige und stechende Kurztriebe) breit-eiförmig, 1–3 cm lang, mit scharfen und sehr stechenden Spitzen; dicklederig, dunkelgrün und schwach glänzend; schuppenartige Stengelblätter fallen früh ab

Blüten diesen Scheinblättern entspringend

▲
Junge, wie ältere Zweige grün und stark gefurcht

▶
Oben: Scheinblatt Ober- und Unterseite
Unten: Stellung der Scheinblätter am Zweig

F	R	N	H	D	S	L	T	K	W	A	B	C
2	3	2	3	4	–	2	5	2	i	–	–	+

Sálix álba L. Saule blanc, S. argenté **114**
Salice bianco, S. da pertiche
Silber-Weide, Weisse Weide White willow Seite 75

Verbreitung: Eurasiatische Pflanze
Standort: Kollin, seltener montan; häufig an Ufern grösserer Flüsse, feuchten Wiesenrändern; bei Hochwasser überschwemmt
Baum-/Strauchhöhe: Strauch, oder bis 20 m hoher Baum

Endknospen eiförmig und gleich gross wie Seitenknospen

Seitenknospen eiförmig, meist mit gebogener Spitze und dem Zweig meist anliegend

Knospenschuppen rotbraun bis dunkelbraun und dicht zottig behaart

Blattnarben dreispurig

▶
Links und rechts oben:
Verschieden gefärbte
End- und Seitenknospen
(5 mm/5 mm)
Mitte:
Seitenknospen (5 mm)
Links und rechts unten:
Verschieden geformte
und verschieden
gefärbte Seitenknospen
(4 mm/5 mm)

▲
Junge Zweige hell- bis dunkelgrau oder braun, dicht zottig behaart und sympodial wachsend

F	R	N	H	D	S	L	T	K	W	A	B	C
4w	4	4	2	3	–	3	4	3	p	–	–	+

Sálix arbúscula L. ssp. foétida (Schl.) Br.-Bl. Saule 115
(S. foétida Schl.) Salcio
Bäumchen-Weide Willow Seite 72

Verbreitung: Alpin-pyrenäische Pflanze
Standort: Subalpin und alpin; auf kalkarmem Blockschutt, an steinigen, grasigen Abhängen und in Erlenbeständen
Strauchhöhe: Bis 1 m hoher Strauch

Endknospen eiförmig oder spitz-eiförmig und nicht grösser als Seitenknospen

Seitenknospen eiförmig oder spitz-eiförmig und dem Zweig anliegend oder von diesem leicht abstehend

Knospenschuppe lichtseits braunrot, schattenseits grünlich bis oliv und meist deutlich behaart

Blattnarben dreispurig

Junge Zweige lichtseits braunrot, schattenseits oliv, behaart und sympodial wachsend

Links oben und links unten: Seitenknospen (5–7 mm)
Rechts oben: Endknospen (6 mm)
Rechts unten: Endabschnitt eines Zweiges mit End- und Seitenknospen (4–6 mm/4–5 mm)

F	R	N	H	D	S	L	T	K	W	A	B	C
4↑w	3	2	3	2	–	4	2	2	n	–	–	+

Sálix babylónica L.
(S. péndula C. Koch)
Hänge-Weide, Tränen-Weide

Saule pleureur
Salcio piangente
Weeping willow

116

Seite 77

Verbreitung: Heimat Kaukasien, China, Korea, Japan
Standort: Kollin; angepflanzt auf Friedhöfen und in Parkanlagen
Baum-/Strauchhöhe: Bis über 10 m hoher Baum

Endknospen länglich, zugespitzt, meist gekrümmt und oft etwas kleiner als Seitenknospen

Seitenknospen länglich, zugespitzt, anliegend und mit der Spitze dem Zweig meist zugekehrt

Knospenschuppen oliv bis gelb und anfangs besonders an der Innenseite fein behaart

Blattnarben dreispurig

Junge Zweige sehr lang, dünn, bräunlich bis dunkelgelb, kahl oder bei Knospe fein behaart und sympodial wachsend

Oben:
End- und Seitenknospen
(5 mm/6 mm)
Links unten:
Seitenknospe (6 mm)
Rechts unten:
Seitenknospen mit gegen den Zweig gerichteter Spitze
(5–6 mm)

F	R	N	H	D	S	L	T	K	W	A	B	C
3	3	3	3	3	–	4	4	3	p	–	–	+

Sálix caésia Vill.
(S. myrtilloídes Willd.)
Blaugrüne Weide, Blaue Weide

Saule faux-myrte
Salcio
Whortleberry willow

Seite 73

Verbreitung: Alpen-Pflanze
Standort: Subalpin, selten alpin; an sumpfigen Stellen der Alpen, Seen, Tümpeln und an ständig durchfeuchteten Alluvionen der Bäche und Flüsse
Strauchhöhe: 0,3–1,5 m hoher Strauch

Endknospen eiförmig bis breit-eiförmig und oft etwas kleiner als Seitenknospen

Seitenknospen eiförmig bis verkehrt-eiförmig, seitlich etwas abgeplattet und dem Zweig anliegend oder von diesem etwas abstehend

Knospenschuppen gelbgrün bis dunkelrotbraun und kahl

Blattnarben dreispurig

▲
Junge Zweige lichtseits braunrot, schattenseits gelbgrün bis grün, kahl und sympodial wachsend

▶
Oben:
End- und Seitenknospen am Ende dreier Triebe (2 mm/5 mm)
Links und rechts unten: Zweigausschnitte (schattenseits/lichtseits) mit End- und Seitenknospen (3 mm/4–5 mm)

F	R	N	H	D	S	L	T	K	W	A	B	C
4↑w	3	2	2	2	–	4	2	3	n	–	–	+

Sálix cáprea L.	Saule marceau, Marsault	118
	Salcio caprino	
Sal-Weide	Common sallow	Seite 76

Verbreitung: Eurasiatische Pflanze
Standort: Kollin, montan und subalpin; häufig an Flussufern, Waldsäumen, Schutthalden, Felsen, in Gebüschen, Mooren und Auen
Baum-/Strauchhöhe: Strauch, seltener 3–9 m hoher Baum

Endknospen spitz-eiförmig und nicht grösser als Seitenknospen

Seitenknospen spitz-eiförmig, schwach abgeflacht und vom Zweig etwas abstehend

Knospenschuppen gelbbraun bis rotbraun

Blattnarben dreispurig

▶
Links oben:
Junge End- und Seitenknospen (Herbst 1981)
(7 mm/6–8 mm)
Rechts oben:
Ältere End- und Seitenknospe (Februar 1982)
(7 mm/6 mm)
Links und rechts Mitte:
Ältere und jüngere
Seitenknospen
(6–8 mm)
Links und rechts unten:
Jüngere und ältere
Seitenknospe
(7 mm/6 mm)

▲
Junge Zweige lichtseits dunkelrotbraun, schattenseits oliv, meist dicht und kurz behaart und sympodial wachsend

F	R	N	H	D	S	L	T	K	W	A	B	C
3w	3	3	3	4	–	3	3	3	p	–	+	+

Sálix cinérea L. — Saule cendré, S. gris — 119
(S. acumináta Mill.) — Salice salvatico
Grau-Weide, Aschgraue-Weide — Gray willow — Seite 75

Verbreitung: Eurasiatische Pflanze
Standort: Kollin, montan; auf Mooren und nassen Wiesen, an Tümpeln und Gräben, feuchten Waldrändern; zeigt Staunässe und schwachen Wasserdurchfluss an
Baum-/Strauchhöhe: Strauch, oder seltener bis 6 m hoher Baum

Endknospen eiförmig oder spitz-eiförmig und bedeutend kleiner als Blütenknospen

Seitenknospen spitz-eiförmig, als Laubblattknospen 3–4 mm, als Blütenknospen 8 mm lang und dem Zweig anliegend

Knospenschuppen mit grauolivem Untergrund und dicht kraus behaart

Blattnarben dreispurig

▲
Junge Zweige grauoliv, dicht kraus behaart und sympodial wachsend

▶
Links oben:
Blütenknospen (8 mm)
Rechts oben:
Laubblattknospen und Blütenknospen
Links und rechts unten:
Blütenknospen
(je 7–8 mm)

F	R	N	H	D	S	L	T	K	W	A	B	C
5w	3	2	4	5	–	4	3	3	n	–	–	+

Sálix elaeágnos Scop.   **Saule drapé**   **120**
(S. incána Schrank)   Salice ripajuolo
Lavendel-Weide, Grau-Weide   **Elaeagnus willow**   Seite 76

Verbreitung: Mittel- und südeuropäische Gebirgspflanze
Standort: Kollin, montan, seltener subalpin; im Kies, auf Geschiebe, Schotterbänken der Bäche und Flüsse, an Ufern grösserer Flüsse, Böschungen und Dämmen
Baum-/Strauchhöhe: Strauch, oder seltener 3–16 m hoher Baum

Endknospen länglich, abgeflacht, oben zugespitzt oder abgerundet, deutlich gekrümmt und nicht grösser als Seitenknospen

Seitenknospen schmal eiförmig, etwas abgeflacht, oben zugespitzt oder abgerundet und dem Zweig meist anliegend

Knospenschuppen grünlich, später dunkelbraunrot und behaart

Blattnarben dreispurig

▲
Junge Zweige kantig, lichtseits dunkelrotbraun, schattenseits grün, meist dicht behaart und sympodial wachsend

▶
Links oben: Zweigausschnitt (lichtseits/schattenseits) mit Seitenknospen (5 mm)
Rechts oben: Gekrümmte Endknospen (4 mm)
Mitte: Stark behaarte Seitenknospe (5 mm)
Links und rechts unten: Seitenknospen (4–6 mm)

F	R	N	H	D	S	L	T	K	W	A	B	C
4w	3	2	2	3	–	4	3	3	p	–	–	+

Sálix glabra Scop. Saule **121**
(S. corúscans Willd.) Salcio
Kahle Weide Alps willow Seite 74

Verbreitung: Ostalpen-Pflanze
Standort: Montan, subalpin; häufig an steinigen Abhängen, Bächen, im Geröll und zwischen Legföhren
Strauchhöhe: Niederliegender Strauch (0,5–1,5 m hoch)

Endknospen pfeilspitz- bis spitz-eiförmig, abgeflacht, mit deutlich hervortretenden Mittelrippen und nicht grösser als Seitenknospen

Seitenknospen zylindrisch, oft etwas zugespitzt, abgeplattet, mit deutlich hervortretenden Mittelrippen und dem Zweig anliegend

Knospenschuppen rot bis dunkelbraun und vollständig kahl

Blattnarben dreispurig

▶

Links oben: Schattenseite der Zweige und End- und Seitenknospen (6 mm/6 mm)
Mitte oben: Zweigende (sonnenseits) mit End- und Seitenknospen (6 mm/6 mm)
Rechts oben: Dreispurige Blattnarbe mit Seitenknospe (6 mm)
Unten: Zweigausschnitte (lichtseits/schattenseits) mit Seitenknospen (5–7 mm)

▲
Junge Zweige lichtseits braunrot, schattenseits grün, kahl und sympodial wachsend

F	R	N	H	D	S	L	T	K	W	A	B	C
2	5	3	3	2	–	4	3	3	n	–	–	+

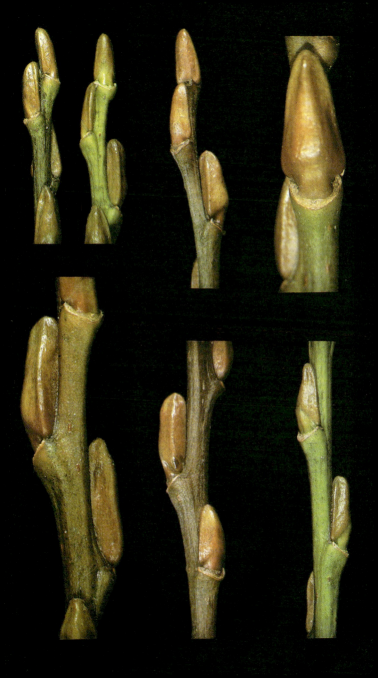

Sálix hastáta L.	Saule hasté	122
(S. élegans Host.)	Salcio	
Spiessblättrige Weide, Spiess-Weide	Halberd willow	Seite 72

Verbreitung: Eurosibirische Pflanze
Standort: Montan, subalpin, seltener alpin; in ständig durchfeuchteten Alluvionen der Flüsse und Bäche und an steinigen und grasigen Abhängen
Strauchhöhe: 0,5–1,5 m hoher Strauch

Endknospen eiförmig, oben oft zugespitzt und nur wenig grösser als Seitenknospen

Seitenknospen spitz-eiförmig, seitlich etwas zusammengedrückt und vom Zweig etwas abstehend

Knospenschuppen rötlich bis kastanienbraun und gegen die Spitze zu oft etwas zottig behaart

▲
Junge Zweige hell- bis dunkelrotbraun, am Zweigende behaart und sympodial wachsend

▶
Oben und links unten:
End- und Seitenknospen
(5 mm/4 mm)
Rechts unten:
Seitenknospen (4 mm)

F	R	N	H	D	S	L	T	K	W	A	B	C
4	3	3	3	3	–	3	2	3	n	–	–	+

Sálix purpúrea L.   Osier rouge   **123**
Salcio rosso
Purpur-Weide   **Purple willow**   Seite 77

Verbreitung: Eurasiatische Pflanze
Standort: Kollin, montan und subalpin; auf trockenem, kalkreichem Felsschutt, Schotterboden, Moränen, an Gewässern, Weg- und Waldrändern und in Gebüschen
Baum-/Strauchhöhe: Strauch, seltener bis 6 m hoher Baum

Endknospen länglich, oben zugespitzt oder etwas abgerundet, mit der Spitze leicht auswärts gerichtet und nicht grösser als Seitenknospen

Seitenknospen länglich, meist zugespitzt, abgeflacht, dem Zweig anliegend und mit der Spitze deutlich auswärts gerichtet

Knospenschuppen gelbgrünlich, meist aber dunkelrot

Blattnarben dreispurig

▲
Junge Zweige lichtseits rot bis rotbraun, schattenseits bräunlich, kahl und sympodial wachsend

▶
Oben:
Endknospen (5 mm)
Links unten:
Zweigausschnitt lichtseits und 2 Seitenknospen (4–5 mm)
Rechts unten:
Zweigausschnitt schattenseits und 2 fast gegenständige Seitenknospen (6 mm)

F	R	N	H	D	S	L	T	K	W	A	B	C
3w	3	3	2	3	–	4	3	3	p	–	–	+

Sálix reticuláta L. — Saule réticulé — **124**
Salcio
Netz-Weide — Netleaf willow — Seite 71

Verbreitung: Arktisch-alpine Pflanze
Standort: Subalpin und alpin; hin und wieder montan; auf lockerem Gratrasen, Felsblöcken und in Mulden und Nordlagen mit 8–10 Monaten Schneebedeckung
Strauchhöhe: Niederliegender Spalierstrauch

Endknospen schmal, verkehrt-eiförmig und etwas grösser als Seitenknospen

Seitenknospen meist schmal-pyramidal und dem Zweig anliegend oder von diesem etwas abstehend

Knospenschuppen lichtseits braunrot, schattenseits gelbgrün und kahl

Blattnarben dreispurig

▲
Junge Zweige unterseits grün bis helloliv, oberseits oliv bis dunkeloliv, kahl und sympodial wachsend

▶
Links oben: Endknospe (Sonnenseite) (5 mm)
Rechts oben: Endknospe (Schattenseite) (4 mm)
Mitte: End- und Seitenknospen (5 mm/3–4 mm) Seitenknospen auf der Schattenseite des Zweiges (3 mm)

F	R	N	H	D	S	L	T	K	W	A	B	C
3	4	2	3	3	–	4	2	2	z	–	–	+

Sálix retúsa L.	Saule émoussé	125
Stumpfblättrige Weide	Salcio	
Stutzweide	Notchleaf willow	Seite 71

Verbreitung: Mittel- und südeuropäische Gebirgspflanze
Standort: Subalpin und alpin; auf Felsblöcken und Alluvionen, in Mulden, an Nordlagen mit 8–10 Monaten Schneebedeckung und in Runsen
Strauchhöhe: Niederliegender Spalierstrauch

Endknospen zylindrisch und oben abgerundet oder eiförmig und nur wenig grösser als Seitenknospen

Seitenknospen zylindrisch und oben abgerundet oder verkehrt-eiförmig und dem Zweig eng anliegend

Knospenschuppen schattenseits grün, lichtseits dunkelrotbraun und kahl

Blattnarben dreispurig

▲
Junge Zweige unterseits grün (durch Erde oft bräunlich), oberseits rötlichbraun, kahl und sympodial wachsend

▶
Links und rechts oben: End- und Seitenknospen (4 mm/2–3 mm)
Links unten: Zweige (Unter- und Oberseite) mit End- und Seitenknospen
Rechts unten: Anliegende Seitenknospe (3 mm)

F	R	N	H	D	S	L	T	K	W	A	B	C
3	3	3	3	3	–	5	2	3	z	–	–	+

Sambúcus nigra L.   Sureau, Seu   **126**
(S. vulgáris Lam.)   Sambuco
Schwarzer Holunder   Elder   Seite 39/49

Verbreitung: Europäische Pflanze
Standort: Kollin und montan; besonders in Waldschlägen, Auenwäldern, Gärten, an Waldrändern und Zäunen
Baum-/Strauchhöhe: Strauch, oder bis 7 m hoher Baum

Endknospen meist paarweise, seltener unpaarig, eiförmig und nicht grösser als Seitenknospen

Seitenknospen anliegend oder etwas abstehend, eiförmig oder gekrümmt eiförmig und kahl

Knospenschuppen braunrot und kahl

Blattnarben dreispurig

▲
Junge Zweige oliv bis graubraun, kahl, kantig, mit weissem Mark und monopodial wachsend

▶
Links oben: Endknospe unpaarig (seltener) (7 mm)
Rechts oben: Endknospe paarig (7 mm)
Links und rechts unten: Seitenknospen (7 mm)

F	R	N	H	D	S	L	T	K	W	A	B	C
3	3	4	3	4	–	3	4	2	n	–	+	–

Sambúcus racemósa L.	Sureau à grappes	**127**
	Sambuco montano	
Trauben-Holunder	European red elder	Seite 49

Verbreitung: Europäische Pflanze
Standort: Montan und subalpin, seltener kollin; in feuchten Waldlichtungen, Hecken, auf Blockschutt und Felsen
Baum-/Strauchhöhe: Strauch, seltener bis 4 m hoher Baum

Endknospen meist paarweise; Blütenknospen breit-eiförmig und oben zugespitzt

Seitenknospen als schmale, längliche, zugespitzte und oft gekrümmte Laubknospen oder als breit-eiförmige und zugespitzte Blütenknospen ausgebildet

Knospenschuppen im Herbst grün und braunrot berandet; im Winter meist braunrot

Blattnarben drei- bis fünfspurig

▲
Junge Zweige olivgrün bis dunkelbraun, kahl, mit braunrotem Mark und monopodial wachsend

▶
Oben:
Sich bereits öffnende Blütenknospen (Februar 1982) (10 mm)
Links Mitte: Blütenknospen (10 mm)
Rechts Mitte: Blattknospen (12 mm)
Unten: Braunrotes Mark

F	R	N	H	D	S	L	T	K	W	A	B	C
3	3	4	3	X	–	3	3	3	n	–	–	–

Sórbus ária (L.) Crantz	Alisier commun	128
(Pírus ária Ehrh.)	Chiavosdello farinaccio	
Mehlbeerbaum, Silberbaum	White beam, Beam-tree	Seite 103

Verbreitung: Europäische Gebirgspflanze
Standort: Kollin, montan und subalpin; an sonnigen, ziemlich trockenen Hängen, in lichten Laubmischwäldern, Gebüschen und lichten Föhrenwäldern
Baum-/Strauchhöhe: Strauch, oder bis 15 m hoher Baum

Endknospen spitz-eikegelig und nur wenig grösser als Seitenknospen

Seitenknospen spitz-eiförmig, dem Zweig anliegend und diesem mit der Spitze zugewendet

Knospenschuppen grünlich, rotbraun bis goldgelb, mit meist braunroten Rändern und mit meist weiss behaarten Schuppenrändern

Blattnarben dreispurig

▶

Links oben und unten: Seitenknospen an Langtrieben (Schattenseite/Sonnenseite) (7 mm)
Rechts oben: Behaarte Endknospen (Sonnen-, Schatten- und Sonnenseite) (9 mm)
Rechts Mitte: Älterer kahler, und jüngerer noch behaarter Zweigausschnitt
Rechts unten: Seitenknospe an Kurztrieb

▲
Junge Zweige lichtseits dunkelrotbraun, schattenseits oliv, um die Knospen herum oft leicht behaart und sympodial wachsend

F	R	N	H	D	S	L	T	K	W	A	B	C
2	3	2	3	3	–	3	4	3	p	–	–	+

Sórbus aucupária L. Sorbier des oiseleurs 129
(Méspilus aucupária All.) Sorbo selvatico
Gemeine Eberesche, Vogelbeerbaum Mountain Ash Seite 110

Verbreitung: Eurosibirische Pflanze
Standort: Montan und subalpin, in der kollinen Stufe oft angepflanzt; in lichten Laub-, Fichten- und Arvenwäldern, Waldschlägen und auf Schuttstellen
Baum-/Strauchhöhe: Strauch, oder bis 16 m hoher Baum

Endknospen spitz-eiförmig und grösser als Seitenknospen

Seitenknospen schmal und spitz-eiförmig, meist leicht gekrümmt, dem Zweig anliegend und diesem mit der Spitze zugewandt

Knospenschuppen dunkelbraun bis schwarz, anfangs dicht, später nur noch wenig filzig behaart

Blattnarben fünfspurig

▲ Junge Zweige lichtseits grauschwarz, schattenseits ocker und sympodial wachsend

► Links und rechts oben: Jüngere und ältere Seitenknospe (8 mm)
Mitte: Endknospe (10 mm)
Links unten: 5spurige Blattnarbe
Rechts unten: Seitenknospe an Kurztrieb (9 mm)

F	R	N	H	D	S	L	T	K	W	A	B	C
3	2	2	3	4	–	3	3	3	p	–	–	+

Sórbus chamaeméspilus (L.) Crantz   Alisier nain   130
Salciagnolo

Zwerg-Mehlbeere   Seite 100

Verbreitung: Mittel- und südeuropäische Gebirgspflanze
Standort: Subalpin; in Föhrenwäldern, in Grünerlen- und Alpenrosengebüschen, an Felsen und auf Schutt
Strauchöhe: 1–3 m hoher Strauch

Endknospen spitz-eiförmig und bedeutend grösser als Seitenknospen

Seitenknospen schmal, spitz-eiförmig, oft leicht gekrümmt und dem Zweig anliegend

Knospenschuppen anfangs gelbgrün, mit dunkelbraunen und breiten Rändern und zugespitzt; später teilweise auch vollständig rotbraun

▲
Junge Zweige oliv bis rotbraun, kahl und sympodial wachsend

▶
Links oben:
Junge End- und Seitenknospe (9 mm/6 mm)
Rechts oben:
Zweig mit abblätternder Epidermis, End- und Seitenknospe (12 mm/5 mm)
Unten:
Seitenknospen (7 mm)

F	R	N	H	D	S	L	T	K	W	A	B	C
2	4	2	4	4	–	3	2	2	n	–	–	+

Sórbus intermédia (Ehrh.) Pers.   Sorbier intermédiaire   131

Schwedische Mehlbeere   Swedish mountain ash   Seite 104

Verbreitung: Europäische Pflanze
Standort: Kollin; bei uns selten, häufiger in Nordeuropa
Baum-/Strauchhöhe: Strauch, oder bis 10 m (seltener 17 m) hoher Baum

Endknospen lang, schmal-eiförmig und nicht grösser als Seitenknospen

Seitenknospen meist spitz-eiförmig, etwas gekrümmt und dem Zweig anliegend

Knospenschuppen grün, oft mehr oder weniger stark rötlichbraun überlaufen, mit deutlich dunkelbraunem Rand, zugespitzt und weiss behaart

Blattnarben dreispurig

▲
Junge Zweige oliv bis olivbraun, meist stark behaart und sympodial wachsend

►
Links und rechts oben:
Seitenknospen
(5–8 mm)
Mitte:
Frische Narbe
Links unten:
Seitenknospe an Kurztrieb (8 mm)
Rechts unten:
Seitenknospe an Langtrieb (7 mm)

F	R	N	H	D	S	L	T	K	W	A	B	C
3	2	2	3	4	–	3	3	3	p	–	–	+

Sórbus latifólia (Lam.) Pers. Sorbier 132
(Bastard aus S. ária × S. torminális) Sorbo
Breitblättrige Mehlbeere Ash Seite 90

Verbreitung: Europäische Pflanze
Standort: Kollin, selten montan; selten; in wärmeren Lagen im Eichen-Hagebuchenwald
Baumhöhe: Bis 28 m hoher Baum

Endknospen breit, spitzeiförmig und nicht viel grösser als Seitenknospen

Seitenknospen spitz-eiförmig oder eiförmig und vom Zweig abstehend

Knospenschuppen grün bis gelbgrün und mit dicken, braunen und weiss bewimperten Rändern

Blattnarben dreispurig

▲
Junge Zweige rotbraun, an der Spitze fein behaart und sympodial wachsend

▶
Links oben:
Endknospe (8 mm)
Rechts oben:
Seitenknospe an Langtrieb (8 mm)
Unten:
Knospen an Kurztrieben (7 mm)

F	R	N	H	D	S	L	T	K	W	A	B	C
2	4	2	3	3	–	3	5	2	p	–	–	+

Sórbus mougeótii	Sorbier	133
Soyer-Will. et Godron	Sorbo	
Mougeot's Mehlbeere	Edible mountain ash	Seite 104

Verbreitung: Mittel- und südeuropäische Gebirgspflanze
Standort: Montan, seltener subalpin; in warmen und schattigen Lagen in Laubmischwäldern
Baumhöhe: Bis 20 m hoher Baum

Endknospen spitz-eiförmig, oft leicht gekrümmt und grösser als Seitenknospen

Seitenknospen schmal, spitz-eiförmig oder eiförmig und dem Zweig anliegend

Knospenschuppen grün, oft hellbraun überlaufen, mit breiten und dunkelbraunen Rändern und oft dicht weiss behaart

Blattnarben dreispurig

▲
Junge Zweige rotbraun, durch abblätternde Epidermis grau gestreift, schwach behaart und sympodial wachsend

►
Oben:
End- und Seitenknospe (10 mm/5 mm)
Links unten:
Seitenknospen (6 mm)
Rechts unten:
Frische Narbe mit 3 Blattspuren

F	R	N	H	D	S	L	T	K	W	A	B	C
2	4	2	3	3	–	3	4	3	p	–	–	+

Sórbus tormínalis (L.) Crantz Alisier des bois **134**
                                   Sorbezzolo
Elsbeerbaum   **Checker-tree**   **Seite 91**

Verbreitung: Europäische Pflanze
Standort: Kollin, seltener montan; in warmen Lagen; in Hainbuchen-, Eichen- und Buchenwäldern, auf Felsen und Felsschutt
Baumhöhe: Bis 22 m hoher Baum

Endknospen eiförmig bis kugelig, und nur wenig grösser als Seitenknospen

Seitenknospen eiförmig bis kugelig, oben zugespitzt (seltener) und vom Zweig abstehend

Knospenschuppen grün, später mit breiten dunkelbraunen Rändern oder grösster Teil der Fläche dunkelbraun überlaufen

Blattnarben dreispurig

▶

Links oben: Seitenknospe an Langtrieb mit abblätternder Epidermis (4 mm)
Rechts oben: End- und Seitenknospe (7 mm/5 mm)
Links unten: Zweigausschnitte mit End- und Seitenknospen (7 mm/5 mm)
Rechts unten: Seitenknospen an stark behaartem Zweig (5 mm)

▲
Junge Zweige oliv- bis rotbraun, meist fein behaart und sympodial wachsend

F	R	N	H	D	S	L	T	K	W	A	B	C
2	4	2	3	3	–	3	5	2	p	–	–	+

Staphyléa pinnáta L. — Staphylier — Pistacchio — **135**

Fiederblättrige Pimpernuss — Shrubberies — Seite 43

Verbreitung: Südosteuropäisch-westasiatische Pflanze
Standort: Kollin; zerstreut am Rande des Lindenmischwaldes, an Felsen, steinigen Hängen und in Hecken
Baum-/Strauchhöhe: Bis 5 m hoher Baum oder Strauch

Endknospen breit-eiförmig, von der Mitte an zugespitzt und viel grösser als Seitenknospen

Seitenknospen spitz-eiförmig, gegenständig und vom Zweig abstehend

Knospenschuppen lichtseits, rötlich, schattenseits grün und kahl

Blattnarben vielspurig

▲
Junge Zweige grünlich oder rötlichbraun, kahl und monopodial wachsend

► Links oben: End- und Seitenknospen (8 mm/3 mm)
Rechts oben: Seitenknospen (Sonnenseite/Schattenseite) (3–4 mm)
Links unten: 2jähriger Zweigabschnitt mit abblätternder Epidermis
Mitte und rechts unten: Junge und ältere vielspurige Narbe

F	R	N	H	D	S	L	T	K	W	A	B	C
2	4	3	3	3	–	3	5	2	n	–	–	–

Syringa vulgaris L.	Lilas	136
Gewöhnlicher Flieder	Lilacco comune	
	Common lilac	Seite 52

Verbreitung: Ursprünglich eine südosteuropäische Pflanze
Standort: Kollin und montan; in Gärten und Parks angepflanzt
Baum-/Strauchhöhe: Strauch, oder bis 7 m hoher Baum

Endknospen spitz-eiförmig und nicht grösser als Seitenknospen

Seitenknospen spitz- oder stumpf-eiförmig, dem Zweig anliegend, meist aber von diesem abstehend

Knospenschuppen grün und rot überlaufen, gekielt, zugespitzt, kahl und Rand oft fein bewimpert

Blattnarben mit einem breiten Blattspurenkomplex

▲
Junge Zweige oliv bis graubraun, früh rissig, kahl und monopodial wachsend

►
Links und rechts oben:
Paarige Endknospen
(Schattenseite/Sonnenseite) (11 mm)
Mitte und rechts unten:
End- und Seitenknospen
(9–11 mm)
Links unten und unten
Mitte:
Seitenknospen
(6–10 mm)

F	R	N	H	D	S	L	T	K	W	A	B	C
3	3	3	3	3	–	3	5	3	n	–	+	+

Táxus baccáta L.   If commun   137
                   Tasso
Eibe   English yew   Seite 26

Verbreitung: Europäisch-südwestasiatische Pflanze
Standort: Kollin und montan; an schattigen, steilen und windgeschützten Hängen und in Tobeln
Baumhöhe: Bis 20 m hoher Baum

Nadeln gestielt, an den Zweigen herablaufend, stachelspitzig, dunkelgrün und unterseits mit zwei blassgrünen Bändern

Endknospen rundlich bis spitz-eiförmig und nicht grösser als Seitenknospen

Seitenknospen verkehrt-eiförmig, oben abgerundet oder zugespitzt und vom Zweig abstehend; männliche Blütenknospen kugelig und braun

Knospenschuppen grün bis braun, mit hellem Rand und meist zugespitzt

▶
Links und rechts oben: End- und Seitenknospen (Schattenseite/Sonnenseite) (6 mm/6 mm)
Links Mitte: Kugelige, männliche Blütenknospen (4–5 mm)
Rechts Mitte: Seitenknospen (6 mm)
Links und rechts unten: Deutlich gestielte Nadeln, die am Zweig herablaufen

▲
Junge Zweige hell- bis dunkelgrün, kahl, später braun

F	R	N	H	D	S	L	T	K	W	A	B	C
2w	4	2	3	X	–	2	4	2	i	–	–	–

394

Thúja occidentális L.
Abendländischer Lebensbaum

Arbre de vie, Thuja de l'occident
Tuia occidentale
Eastern arborvitae

138

Seite 36

Verbreitung: Aus dem östlichen Nordamerika stammend
Standort: Kollin und montan; in Parkanlagen und auf Friedhöfen oft angepflanzt
Baumhöhe: Bis 12 m hoher Baum

Flächen- und Seitenblätter oberseits dunkelgrün, unterseits blassgrün und voneinander verschieden

Flächenblätter mit einem gut sichtbaren hellen Drüsenhöcker, oben zugespitzt und dem Zweig anliegend

Seitenblätter (= Kantenblätter) ohne Drüsenhöcker und mit freier und einwärts gekrümmter Spitze

Zapfen mit 8–10 sich ziegelartig deckenden und braunen Schuppen; diese ohne Höcker

▶
Links oben:
Junge Früchte (12 mm)
Mitte links:
Ober- und Unterseite eines Zweiges
Rechts Mitte und rechts unten:
Zweigausschnitt mit deutlich sichtbaren Drüsenhöckern
Links unten:
Ober- und Unterseite von Zweigausschnitten

▲
Junge Zweige flachgedrückt und durch schuppenförmige Blätter vollständig bedeckt

F	R	N	H	D	S	L	T	K	W	A	B	C
3	3	3	3	3	–	3	4	3	i	–	–	–

Thúja orientális L.	Thuja de chine	139
Morgenländischer Lebensbaum	Tuia orientale Oriental arborvitae	Seite 36

Verbreitung: Aus China und Korea stammend
Standort: Kollin und montan; in Parkanlagen und auf Friedhöfen angepflanzt
Baumhöhe: Bis 12 m hoher Baum

Flächen- und Seitenblätter mehr oder weniger gleichfarbig und voneinander verschieden

Flächenblätter zugespitzt und dem Zweig anliegend

Seitenblätter (Kantenblätter) mit freier und einwärts gekrümmter Spitze

Junge Zapfen eiförmig, mit 6 bedornten Schuppen, vor der Reife bläulichweiss und im reifen Zustand durch Verholzung braun

▲
Junge Zweige flachgedrückt und durch schuppenförmige Blätter vollständig bedeckt

►
Links oben:
Mehr oder weniger gleichförmige Ober- und Unterseite
Rechts oben:
Unterseite eines neuen Triebes
Links unten:
Zweigausschnitt
Rechts unten:
Zweigausschnitt mit 2 neuen Zapfen (11 mm)

F	R	N	H	D	S	L	T	K	W	A	B	C
3	3	3	3	3	–	3	4	3	i	–	–	–

Tília cordáta Mill.　　Tillau, Tillet　　　　　　　　　　140
(T. parvifólia Ehrh.)　　Tiglio maremmano
Winter-Linde　　　　Bast-small-leaved lime　　　　Seite 56

Verbreitung: Europäische Pflanze
Standort: Kollin, seltener montan; an steilen Hängen, unter Felsen, in Laubmischwäldern, Laubgebüschen, Schluchten und Talkesseln
Baumhöhe: Bis 30 m hoher Baum

Endknospen spitz-eiförmig, seitlich etwas zusammengedrückt und an Grösse die Seitenknospen nur wenig überragend

Seitenknospen stumpf- oder spitzeiförmig, seitlich etwas zusammengedrückt und vom Zweig abstehend

Knospenschuppen ungleich gross (unterste erreicht kaum die Mitte, innere umhüllt die Knospe vollständig), lichtseits rot glänzend, schattenseits grünlich und rot überlaufen

Blattnarben drei- bis fünfspurig

▶

Links oben:
End- und Seitenknospe
(Sonnenseite)
(5 mm/4 mm)
Rechts oben:
Endknospen (5 mm)
Mitte:
Neuer Zweig mit End- und Seitenknospen
(4 mm/3 mm)
Links unten:
Seitenknospen (4 mm)
Rechts unten:
Seitenknospen (Schattenseite/Sonnenseite)
(5 mm)

▲
Junge Zweige hellbraun bis rotbraun oder olivgrün bis rötlich, kahl und sympodial wachsend

F	R	N	H	D	S	L	T	K	W	A	B	C
2	3	2	3	2	–	2	4	3	p	–	–	+

Tília platyphýllos Scop.
(T. grandifólia Ehrh.)
Sommer-Linde

Tilleul à grandes feuilles
Tiglio nostrale
Large leaved lime

141

Seite 56

Verbreitung: Mittel- und südeuropäische Pflanze
Standort: Kollin, seltener montan; in Laubmischwäldern, Gebüschen, aber auch geflanzt auf Hügelkuppen, in Dörfern, Gartenanlagen und an Strassen
Baumhöhe: Bis 40 m hoher Baum

Endknospen schmal- bis breit-eiförmig, meist zugespitzt, seitlich etwas zusammengedrückt und nicht grösser als Seitenknospen

Seitenknospen schmal- bis breit-eiförmig, zugespitzt, seitlich etwas zusammengedrückt und vom Zweig abstehend

Knospenschuppen ungleich gross, lichtseits glänzend rot bis dunkelrot, schattenseits gelbgrün bis oliv und kahl

Blattnarben mit 3 bis 4 ungleich grossen Blattnarben

▶

Links oben:
Endknospen (Sonnenseite) (7 mm)
Oben Mitte:
End- und Seitenknospe (Schattenseite) (6 mm/6 mm)
Rechts oben und links unten:
Seitenknospen (Schattenseite) (8 mm)
Links unten:
Seitenknospen (Sonnen- und Schattenseite) (6 mm)

▲
Junge Zweige schattenseits gelbgrün bis oliv, lichtseits rot bis rotbraun, kahl und sympodial wachsend

F	R	N	H	D	S	L	T	K	W	A	B	C
3	4	3	3	3	–	2	4	2	p	–	–	+

Ulex europaéa L.	Ajonc, Jonc marin	142
(U. europaéus L.)	Ginestra marina	
Europäischer Stechginster	Common gorse	Seite 120

Verbreitung: Westeuropäische Pflanze
Standort: Kollin, selten montan; in milden Lagen an buschigen Hängen, in lichten Wäldern und auf Heiden
Strauchhöhe: Bis 2 m hoher Strauch

Laubblätter und **Kurztriebe** zu stechenden, grünen und weichen Dornen umgewandelt

Seitentriebe in der Achsel von pfriemenförmigen und stachelspitzigen Tragblättern entspringend

Blütenknospen bis 3 mm lang und dicht weissgrau bis gelblich behaart

▲
Junge Zweige grün, dicht weiss behaart und längs gerieft

▶
Oben:
Grauweiss bis gelblich behaarte Blütenknospen (3 mm)
Unten:
Endabschnitt eines Zweiges

F	R	N	H	D	S	L	T	K	W	A	B	C
2	2	2	3	3	–	3	4	2	n	–	+	–

Ulmus carpinifólia Gled.	Orme champêtre	
(U. campéstris L.)	Olmo campestre	
Feld-Ulme, Feld-Rüster	Common field elm	Seite 62

Verbreitung: Mediterrane Pflanze
Standort: Kollin; stellenweise an sonnigen Hügeln, Waldrändern, in Auen, Gebüschen und entlang der Flüsse
Baumhöhe: Bis 30 m hoher Baum

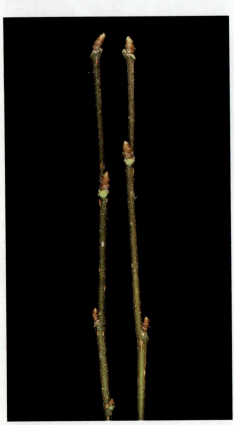

Endknospen schmal-eiförmig, oben zugespitzt oder stumpf, meist etwas gekrümmt und die Seitenknospen an Grösse nicht übertreffend

Seitenknospen schmal-eiförmig, meist zugespitzt und vom Zweig abstehend; Blütenknospen kugelig

Knospenschuppen rotbraun bis braunschwarz, oben oft abgerundet und eingekerbt und mit weiss behaarten Rändern

Blattnarben dreispurig

▲
Junge Zweige oliv bis rotbraun, schwach weiss behaart und sympodial wachsend

Oben:
Gekrümmte Endknospe (6 mm)
Links unten:
Seitenknospe (5 mm)
Rechts unten:
Seitenknospe mit frischer Narbe (5 mm)

F	R	N	H	D	S	L	T	K	W	A	B	C
3w	4	3	3	4	–	3	5	3	p	–	+	–

Ulmus glábra Huds	Orme commun	144
(U. scábra Mill.)	Olmo montano	
Berg-Ulme	Scotch, Wych elm	Seite 62

Verbreitung: Europäische Pflanze
Standort: Kollin und montan; am Rande der Auenwälder, in Schluchten, an Schattenhängen, Waldrändern, in Hochstaudenfluren und Wäldern
Baumhöhe: Bis 30 m hoher Baum

Endknospen als Blütenknospen kugelig, als Blattknospen schmal-eiförmig und zugespitzt

Seitenknospen vom Zweig abstehend; als Blütenknospen kugelig, als Blattknospen spitzeiförmig

Knospenschuppen dunkelbraun bis schwarz; bei Blütenknospen oben abgerundet und deutlich eingekerbt; bei Blattknospen oft mit gefransten Rändern und oben leicht eingekerbt

Blattnarben dreispurig

▲
Junge Zweige oliv oder bräunlich, anfangs fein behaart, später kahl und sympodial wachsend

▶
Links oben und links Mitte:
Blütenknospen (4 mm)
Rechts oben:
Endknospe (6 mm)
Rechts unten:
Seitenknospe mit dreispuriger Blattnarbe (5 mm)
Links unten:
Seitenknospen (6 mm)

F	R	N	H	D	S	L	T	K	W	A	B	C
4w	3	4	4	5	–	2	4	3	p	–	+	–

Vaccínium myrtíllus L.	Myrtille	
	Mirtillo	
Heidelbeere	Whortleberry	Seite 79

Verbreitung: Eurosibirische Pflanze
Standort: Montan und subalpin, seltener kollin und alpin; auf Böden mit saurer Rohhumusauflage, Bestände bildend in Rottannen-, Weisstannen- und Arven-Lärchenwäldern
Strauchhöhe: Bis 50 cm hohes Sträuchlein

Endknospen spitz-eiförmig und etwas grösser als Seitenknospen

Seitenknospen oval bis eiförmig, oben zugespitzt und vom Zweig abstehend

Knospenschuppen gelbgrün, grün und lichtseits rötlich überlaufen

Blattnarben einspurig

▶
Oben:
Geschlossene und sich öffnende Endknospe (Schattenseite/Sonnenseite) (5 mm)
Unten:
Kantige Stengel mit abstehenden Seitenknospen (4 mm)

▲
Junge Zweige grün, kantig, steil rechtsschraubig, ohne Lentizellen und sympodial wachsend

F	R	N	H	D	S	L	T	K	W	A	B	C
3	1	2	5	4	–	2	3	3	z	–	–	–

Vaccínium uliginósum L.	Airelle uligineuse	**146**
Echte Moorbeere	Mirtillo uliginoso	
	Bogbilberry	**Seite 80**

Verbreitung: Eurosibirisch-nordamerikanische Pflanze
Standort: Kollin und montan, selten subalpin; in moorigen Wäldern und Gebüschen, auf Hoch- und Zwischenmooren in der Ebene und als Unterwuchs im Nadelwald
Strauchhöhe: Bis 80 cm hohes Sträuchlein

Da die **Triebspitze** meist vertrocknet, ist keine eigentliche Endknospe vorhanden

Knospen breit-eiförmig, meist etwas zugespitzt und dem Zweig anliegend

Knospenschuppen rot bis rotbraun und mit schwarzen Flecken; äussere Knospen stehen leicht ab

Blattnarben einspurig

▲
Junge Zweige graubraun bis rotbraun, kahl und sympodial wachsend

▶
Links und rechts oben: End- und Seitenknospen (2 mm/2 mm)
Mitte: Seitenknospe mit einspuriger Narbe (2 mm)
Links und rechts unten: End- und Seitenknospen mit älterer und jüngerer Narbe (3 mm/2 mm)

F	R	N	H	D	S	L	T	K	W	A	B	C
5	1	2	5	5	–	3	3	2	z	–	–	–

Vaccínium vitis-idaéa L.
(Vítis idaéa punctáta Moench)
Preiselbeere

Airelle rouge
Vigna d'orso
Cowberry, Red bilberry

147

Seite 115

Verbreitung: Eurosibirisch-nordamerikanische Pflanze
Standort: Montan, subalpin und alpin; meist auf Rohhumus in lichten Fichtenwäldern, Arven-Lärchenwäldern, Wacholdergebüschen und Zwergstrauchgesellschaften
Strauchhöhe: 5–30 cm hohes Sträuchlein

Laubblätter schmal-eiförmig, ganzrandig oder schwach gekerbt, mit etwas umgerolltem Rand, lederartig und unterseits drüsig punktiert

Endknospen verkehrt stumpf-pyramidal mit zahlreichen kleinen, aneinanderliegenden und oft am Rand bewimperten Blättern

▲
Junge Zweige rundlich, grün bis oliv und sympodial wachsend

▶
Oben:
Endknospe (3 mm)
Unten:
Ober- und Unterseite
der Laubblätter

F	R	N	H	D	S	L	T	K	W	A	B	C
3w	2	2	4	4	–	3	2	3	z	–	–	–

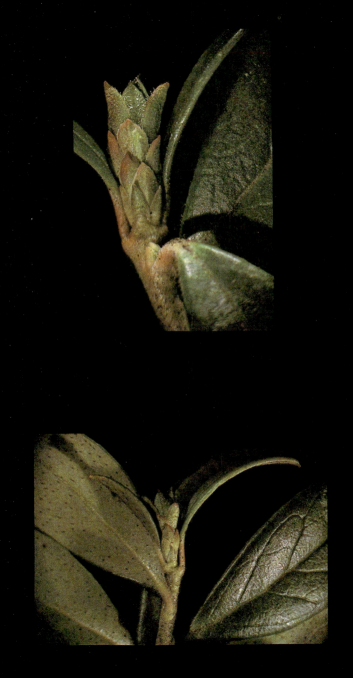

Viburnum lantána L.   **Viorne lantane**   **148**
Lantana
Wolliger Schneeball   **Wayfaring-tree**   Seite 38

Verbreitung: Europäisch-westasiatische Pflanze
Standort: Kollin und montan, seltener subalpin; auf trockenen Böden in sonnigen Lagen, an Waldrändern, Hecken und in Eichen- und Föhrenwäldern
Strauchhöhe: Bis 5 m hoher Strauch

Knospen alle ohne Knospenschuppen

Endknospen in Form von gefalteten Blättern oder gefalteten Blütenständen und Blättern

Seitenknospen aus gefalteten Blättern, am Zweig anliegend oder von diesem abstehend

Blattnarben dreispurig

▲
Junge Zweige oliv bis rotbraun, durch dichte kurze Behaarung grauweiss punktiert und monopodial wachsend

▶
Links oben: Endknospe mit Blütenstand und gefalteten Blättern (4 mm/8 mm)
Rechts oben: Als ‹Endknospe› gefaltete Laubblätter (17 mm)
Mitte: Seitenknospen (Sonnenseite) (8 mm)
Links und rechts unten: Abstehende und anliegende Seitenknospen (8 mm)

F	R	N	H	D	S	L	T	K	W	A	B	C
2	4	2	3	3	–	3	4	3	n	–	+	+

Vibúrnum ópulus L. **Viorne obier** 149
 Sambuco aquatico
Gemeiner Schneeball **Water-elder** Seite 41

Verbreitung: Eurasiatische Pflanze
Standort: Kollin und montan; in Auenwäldern, an Bachufern und Waldrändern, auf sickerfeuchten und nährstoffreichen Böden
Strauchhöhe: Bis 4 m hoher Strauch

Endknospen eiförmig, spitz-eiförmig oder verkehrt eiförmig und nicht grösser als Seitenknospen

Seitenknospen schmal, spitz-eiförmig und dem Zweig anliegend

Knospenschuppen gelbbraun, oliv oder rötlich und kahl

Blattnarben dreispurig

▲
Junge Zweige ocker bis rot überlaufen, kahl und monopodial wachsend

►
Links und rechts oben: Endknospen (Sonnenseite/Schattenseite) (7 mm/6 mm/3 mm)
Links und rechts unten: Seitenknospen (Lichtseite/Sonnenseite) (6 mm/5 mm)

F	R	N	H	D	S	L	T	K	W	A	B	C
3w	3	3	4	4	–	3	4	2	n	–	+	+

Víscum álbum L.	Gui commun	150
Weisse Mistel	Visco / Mistletoe	Seite 114

Verbreitung: Eurasiatische Pflanze
Standort: Kollin und montan; rundliche Büsche (Halbschmarotzer) auf Laub-und Nadelhölzern (3 auf bestimmte Wirte spezialisierte Unterarten vorkommend: Laubholz-, Tannen- und Föhren-Mistel)
Strauchhöhe: Strauch von höchstens 1 m Durchmesser

▲
Gabelig verzweigte Äste grün bis oliv und kahl

Laubblätter gegenständig, lanzettlich, hellgrün, derb und ganzrandig; je nach Witterung und Lage bleiben die Laubblätter über Winter am Strauch oder werden abgestossen

Die Büsche mit den weissen und klebrigen Beeren werden um die Weihnachtszeit oft bei Gärtnern oder an Marktständen verkauft

▶
Oben:
Ansatzstellen der Blüten
(3 mm)
Mitte:
Blüten und gegenständig angeordnete
Laubblätter (3 mm)
Unten:
Blüten, jüngere und ältere Laubblätter

F	R	N	H	D	S	L	T	K	W	A	B	C
–	–	–	–	–	–	4	4	3	e	–	–	–

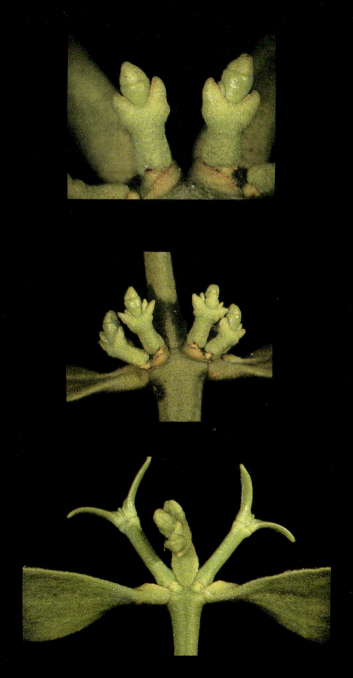

Literaturnachweis · Fotonachweis

AMANN, G., 1972:	Bäume und Sträucher des Waldes, 11. Auflage. J. Neumann-Neudamm, Melsungen
BOERNER, F., 1938:	Laubgehölze, Rosen und Nadelgehölze, Killinger Verlagsgesellschaft m.b.H., Nordhausen am Harz
CLAPHAM, A.R., 1957:	Flora of the British Isles, Cambridge at the University Press
ESCHRICH, W., 1981:	Gehölze im Winter, Gustav Fischer Verlag, Stuttgart-New York
FITSCHEN, J., 1977:	Gehölzflora, Quelle und Meyer, Heidelberg
FOURNIER, P., 1961:	Les quatre flores de la France, Editions Paul Lechevalier, Paris
GODET, Ch.-H., 1853:	Flore du Jura, J. Dalp, Berne; J. Cherbuliez, Genève
HEGI, G., 1907–1914:	Illustrierte Flora Mitteleuropas, München
HESS, H.E. und LANDOLT, E., 1967:	Flora der Schweiz, Birkhäuser Verlag Basel und Stuttgart
LANDOLT, E., 1977:	Oekologische Zeigerwerte zur Schweizer Flora, Veröffentlichungen des Geobotanischen Instituts der ETH, 64. Heft, Stiftung Rübel, Zürich
MACURA, P., 1979:	Elsevier's Dictionary of Botany plant names in English, French, German, Latin and Russian, Elsevier Scientific publishing company, Amsterdam, Oxford, New York
MITCHELL, A., 1975:	Die Wald- und Parkbäume Europas, Verlag Paul Parey, Berlin, Hamburg
PIGNATTI, S., 1982:	Flora d'Italia, Edagricole, Bologna
STRASBURGER, E., 1971:	Lehrbuch der Botanik, Gustav Fischer Verlag, Stuttgart

Sämtliche in diesem Buch aufgeführten Fotografien sind Aufnahmen des Verfassers

Verzeichnis
der lateinischen Arts- und Gattungsnamen

Abies
— alba 25, 26, 27, 122, 123
— pectinata 122, 123

Acer
— campestre 46, 124, 125
— monspessulanum 46, 126, 127
— montanum 132, 133
— opalus 47, 128, 129
— opulifolium 128, 129
— platanoides 47, 130, 131
— pseudoplatanus 44, 48, 132, 133

Aesculus
— hippocastanum 44, 45, 134, 135

Alnus
— glutinosa 78, 136, 137
— incana 79, 138, 139
— lanuginosa 138, 139
— nana 150, 151
— rotundifolia 136, 137
— viridis 80, 140, 141

Amelanchier
— ovalis 105, 142, 143
— vulgaris 142, 143

Amygdalus
— communis 286, 287
— persica 306, 307

Arctostaphylos
— uva-ursi 115, 144, 145

Armeniaca
— vulgaris 288, 289

Atragene
— alpina 170, 171

Azalea
— procumbens 248, 249

Berberis
— vulgaris 64, 146, 147

Betula
— humilis 84, 85, 148, 149
— nana 87, 150, 151
— nigra 85, 152, 153
— pendula 84, 86, 154, 155
— pubescens 86, 156, 157
— verrucosa 154, 155
— viridis 140, 141

Buxus
— sempervirens 114, 158, 159

Calluna
— vulgaris 111, 160, 161

Caprifolium
— alpinum 250, 251

Carpinus
— betulus 57, 162, 163

Castanea
— sativa 55, 164, 165
— vesca 164, 165

Celtis
— australis 57, 166, 167

Cerasus
— avium 290, 291
— laurocerasus 300, 301
— mahaleb 302, 303
— padus 304, 305
— vulgaris 292, 293

Cercis
— siliquastrum 99, 168, 169

Clematis
— alpina 37, 170, 171
— vitalba 37, 172, 173

Cornus
— mas 42, 174, 175
— sanguinea 42, 176, 177

Coronilla
— emerus 82, 178, 179

Corylus
— arborescens 182, 183
— avellana 59, 180, 181
— colurna 60, 182, 183
— silvestris 180, 181

Cotoneaster
— integerrim(us)a 69, 184, 185

Crataegus
— monogyna 65, 186, 187
— oxyacantha 66, 188, 189

Cupressus
— sempervirens 35, 190, 191

Cydonia
— oblonga 105, 192, 193
— vulgaris 192, 193

Cytisus
— alpinus 238, 239

Verzeichnis der Baum- und Straucharten

Daphne
— alpina 83, 194, 195
— laureola 116, 196, 197
— mezereum 83, 84, 198, 199
Druparia
— spinosa 308, 309

Empetrum
— nigrum 113, 200, 201
Erica
— botuliformis 204, 205
— carnea 112, 202, 203
— decipiens 206, 207
— herbacea 202, 203
— tetralix 112, 204, 205
— vagans 113, 206, 207
— vulgaris 160, 161
Evonymus
— europaeus 53, 208, 209
— vulgaris 208, 209

Fagus
— sylvatica 58, 210, 211
Ficus
— carica 81, 212, 213
Forsythia
— intermedia 52, 53, 214, 215
Fraxinus
— excelsior 39, 40, 218, 219
— ornus 40, 220, 221

Ginkgo
— biloba 25, 222, 223

Hedera
— helix 114, 224, 225
Hippocastanum
— vulgare 134, 135
Hippophae
— rhamnoides 64, 65, 226, 227

Ilex
— aquifolium 119, 228, 229

Juglans
— regia 81, 230, 231
Juniperus
— communis 33, 232, 233
— nana 33, 34, 234, 235
— sabina 33, 34, 236, 237

Laburnum
— alpinum 96, 238, 239
— anagyroides 96, 97, 240, 241
Larix
— decidua 28, 32, 242, 243
— europaea 242, 243
Laurus
— nobilis 119, 244, 245
Ligustrum
— vulgare 54, 246, 247
Loiseleuria
— procumbens 111, 248, 249
Lonicera
— alpigena 50, 250, 251
— dumetorum 254, 255
— nigra 51, 252, 253
— xylosteum 50, 51, 254, 255

Malus
— domestica 106, 256, 257
Mespilus
— aucuparia 378, 379
— germanica 97, 258, 259
— vulgare 258, 259
Morus
— alba 107, 260, 261

Ostrya
— carpinifolia 61, 262, 263
— vulgaris 262, 263

Picea
— abies 25—28, 264, 265
— excelsa 264, 265
  Pinus
— cembra 29, 266, 267
— montana 268, 269
— mugo 31, 268, 269
— nigra 30, 270, 271
— nigricans 270, 271
— strobus 29, 272, 273
— silvestris 274, 275
— sylvestris 28, 30, 31, 274, 275
Pirus
— aria 376, 377
Platanus
— acerifolia 69, 70, 276, 277
— hybrida 276, 277

Verzeichnis der Baum- und Straucharten

Populus
- alba 94, 278, 279
- australis 284, 285
- italica 102, 282, 283
- nigra 88, 280, 281
- pyramidalis 282, 283
- tremula 103, 284, 285

Prunus
- amygdalus 106, 286, 287
- armeniaca 92, 288, 289
- avium 87, 89, 290, 291
- cerasus 90, 292, 293
- domestica ssp. domestica 98, 294, 295
- domestica ssp. italica 93, 296, 297
- insititia 93, 298, 299
- laurocerasus 120, 300, 301
- mahaleb 91, 302, 303
- padus 84, 101, 304, 305
- persica 94, 95, 306, 307
- spinosa 66, 308, 309

Pyrus
- communis 87, 92, 310, 311
- nivalis 98, 312, 313

Quercus
- cerris 108, 314, 315
- echinata 314, 315
- ilex 118, 316, 317
- lanuginosa 320, 321
- pedunculata 322, 323
- petraea 109, 318, 319
- pubescens 109, 320, 321
- robur 108, 110, 322, 323
- sempervirens 316, 317
- sessiliflora 318, 319
- suber 118, 324, 325

Rhamnus
- alpina 101, 326, 327
- cathartica 43, 44, 52, 328, 329
- frangula 68, 216, 217

Rhododendron
- ferrugineum 117, 330, 331
- hirsutum 117, 332, 333

Ribes
- alpinum 102, 334, 335
- grossularia 338, 339
- dioecum 334, 335
- uva-crispa 67, 338, 339
- vulgare 336, 337
- rubrum 100, 336, 337

Robinia
- pseudoacacia 63, 340, 341

Rubus
- fruticosus 67, 342, 343
- idaeus 68, 344, 345

Ruscus
- aculeatus 116, 346, 347

Salix
- acuminata 358, 359
- alba 74, 75, 348, 349
- arbuscula 72, 350, 351
- babylonica 77, 352, 353
- caesia 73, 354, 355
- caprea 76, 356, 357
- cinerea 74, 75, 358, 359
- coruscans 362, 363
- elaeagnos 76, 360, 361
- elegans 364, 365
- glabra 70, 73, 74, 362, 363
- hastata 72, 364, 365
- incana 360, 361
- myrtilloides 354, 355
- pendula 352, 353
- purpurea 77, 366, 367
- reticulata 71, 368, 369
- retusa 71, 370, 371

Sambucus
- nigra 38, 39, 48, 49, 372, 273
- racemosa 49, 374, 375
- vulgaris 372, 373

Sorbus
- aria 103, 376, 377
- aucuparia 107, 110, 378, 379
- chamaemespilus 100, 380, 381
- intermedia 104, 382, 383
- latifolia 90, 384, 385
- mougeotii 104, 386, 387
- torminalis 91, 388, 389

Staphylea
— pinnata 43, 390, 391
Syringa
— vulgaris 52, 392, 393

Taxus
— baccata 25, 26, 394, 395
Thuja
— occidentalis 32, 35, 36, 396, 397
— orientalis 36, 398, 399
Thymelaea
— candida 194, 195
Tilia
— cordata 56, 400, 401
— grandifolia 402, 403
— parvifolia 400, 401
— platyphyllos 56, 402, 403

Ulex
— europaea 120, 404, 405

Ulmus
— campestris 406, 407
— carpinifolia 62, 406, 407
— glabra 60, 61, 408, 409
— scabra 62, 408, 409
Uva-ursi
— procumbens 144, 145

Vaccinium
— myrtillus 79, 410, 411
— uliginosum 80, 412, 413
— vitis-idaea 115, 414, 415
Viburnum
— lantana 38, 416, 417
— opulus 41, 418, 419
Viscum
— album 114, 420, 421
Vitis idaea
— punctata 414, 415

Xylosteum
— nigrum 252, 253

Verzeichnis der Baum- und Straucharten

Verzeichnis der deutschen Artsnamen

Ahorn
— Berg 44, 48, 132, 133
— Feld 46, 124, 125
— Französischer 46, 126, 127
— Schneeballblättriger 128, 129
— Schneeblättriger 47, 128, 129
— Spitz 47, 130, 131
— Weiss 132, 133
Akazie
— Falsche 63, 340, 341
Alpen
— Azalee 111, 248, 249
— Birke 150, 151
— Erle 140, 141
— Geissblatt 250, 251
— Goldregen 96, 238, 239
— Heckenkirsche 50, 250, 251
— Johannisbeere 102, 334, 335
— Kreuzdorn 101, 326, 327
— Rebe 37, 170, 171
— Rose (behaarte) 117, 332, 333
— Rose (rostblättrige) 117, 330, 331
— Seidelbast 83, 194, 195
Apfelbaum 106, 256, 257
Aprikosenbaum 92, 288, 289
Arve 29, 266, 267
Aschgraue Weide 74, 75, 358, 359
Aspe 284, 285

Baum-Hasel 60, 182, 183
Bärentraube
— Immergrüne 115, 144, 145
Bäumchen-Weide 72, 350, 351
Behaarte Alpenrose 117, 332, 333
Beinholz 246, 247
Berberitze 64, 146, 147
Berg
— Ahorn 44, 48, 132, 133
— Föhre 268, 269
— Kiefer 31, 268, 269
— Mehlbeere 104, 386, 387
— Seidelbast 194, 195
— Ulme 60–62, 408, 409
Besenheide 111, 160, 161
Besenkraut 160, 161

Birke
— Fluss 152, 153
— Haar 156, 157
— Hänge 84, 86, 154, 155
— Moor 86, 156, 157
— Nordische 85, 148, 149
— Schwarz 85, 152, 153
— Strauch 84, 85, 148, 149
— Weiss 154, 155
— Zwerg 87, 150, 151
Birnbaum 87, 92, 310, 311
Birne
— Schnee 98, 312, 313
— Leder 312, 313
Blaugrüne Weide 73, 354, 355
Blumen-Esche 220, 221
Buche (Rot-) 58, 210, 211
Buchsbaum 114, 158, 159
Breitblättrige Mehlbeere 90, 384, 385
Brombeere (Echte) 67, 342, 343

Dornmyrte 346, 347

Eberesche (Gemeine) 110, 378, 379
Echte
— Brombeere 67, 342, 343
— Moorbeere 412, 413
Edel
— Kastanie 55, 164, 165
— Nuss 230, 231
— Pflaume 296, 297
Edler Lorbeer 244, 245
Efeu (Gemeiner) 114, 224, 225
Eibe 25, 26, 394, 395
Eiche
— Flaum 109, 320, 321
— Kork 118, 324, 325
— Sommer 322, 323
— Stechpalmen 118, 316, 317
— Stein 318, 319
— Stiel 108, 110, 322, 323
— Trauben 109, 318, 319
— Zerr 108, 314, 315
Eingriffliger Weissdorn 65, 186, 187
Elsbeerbaum 91, 388, 389
Erika 112, 202, 203

Verzeichnis der Baum- und Straucharten

Erle
- Alpen 140, 141
- Grau 79, 138, 139
- Grün 80, 140, 141
- Rot 136, 137
- Schwarz 78, 136, 137

Esche
- Gemeine 39, 40, 218, 219
- Manna 40, 220, 221

Espe 284, 285

Europäischer
- Stechginster 120, 404, 405

Falsche Akazie 63, 340, 341
Faulbaum 68, 216, 217
Feige 81, 212, 213

Feld
- Ahorn 46, 124, 125
- Ulme 62, 406, 407

Felsen
- Birne 105, 142, 143
- Kirsche 91, 302, 303

Fichte 26–28, 264, 265

Fiederblättrige
- Pimpernuss 390, 391

Flaum-Eiche 109, 320, 321
Flieder 52, 392, 393
Fluss-Birke 152, 153

Föhre
- Berg 268, 269
- Schwarz 270, 271
- Wald 28, 31, 274, 275
- Weymouths 272, 273

Forsythie (Hybrid) 52, 53, 214, 215

Französischer
- Ahorn 126, 127
- Massholder 46, 126, 127

Frühlingsheide 202, 203

Garten
- Johannisbeere 100, 336, 337

Geissblatt
- Alpen 250, 251
- Rotes 254, 255
- Schwarzes 252, 253

Gelber Hartriegel 174, 175

Gemeine
- Eberesche 110, 378, 379
- Esche 39, 40, 218, 219
- Felsenbirne 105, 142, 143
- Hainbuche 57, 162, 163
- Hopfenbuche 262, 263
- Rosskastanie 44, 45, 134, 135
- Stechpalme 119, 228, 229
- Waldrebe 37, 172, 173

Gemeiner
- Efeu 114, 224, 225
- Judasbaum 99, 168, 169
- Kreuzdorn 43, 44, 52, 328, 329
- Liguster 54, 246, 247
- Schneeball 41, 418, 419
- Seidelbast 83, 84, 198, 199
- Spindelstrauch 53, 208, 209
- Wacholder 33, 232, 233

Gemsheide 248, 249
Ginkgobaum 25, 222, 223
Glockenheide 112, 204, 205
Goldregen (Alpen-) 96, 238, 239
Goldregen (Gewöhnlicher) 96, 97, 240, 241

Grau
- Erle 79, 138, 139
- Weide 360, 361

Grün-Erle 80, 140, 141

Hainbuche 57, 162, 163

Hänge
- Birke 84, 86, 154, 155
- Weide 77, 352, 353

Hartriegel
- Gelber 174, 175
- Gewöhnlicher 176, 177

Hasel
- Baum 60, 182, 183
- Nuss 180, 181
- Strauch 59, 180, 181
- Türkische 182, 183

Heckenkirsche
- Alpen 50, 250, 251
- Rote 50, 51, 254, 255
- Schwarze 51, 252, 253

Heidekraut 160, 161
Heidelbeere 79, 410, 411
Himbeere 68, 344, 345

Verzeichnis der Baum- und Straucharten

Holunder
— Roter 49, 374, 375
— Schwarzer 38, 39, 48, 49, 372, 373
Hopfenbuche 61, 262, 263
Hornstrauch
— Roter 42, 176, 177
Hybrid-Forsythie 52, 53, 214, 215

Immergrüne
— Bärentraube 115, 262, 263
Italienische
— Pappel 282, 283
— Säulenzypresse 190, 191

Johannisbeere
— Alpen 102, 334, 335
— Garten 100, 336, 337
Judasbaum
— Gemeiner 99, 168, 169

Kahle Weide 70, 73, 74, 362, 363
Kastanie
— Edel 55, 164, 165
Kiefer
— Berg 31, 268, 269
— Schwarz 30, 270, 271
— Wald 31, 274, 275
— Weymouths 29, 272, 273
— Zirbel 266, 267
Kirschen
— Baum 87, 89, 290, 291
— Felsen 302, 303
— Lorbeer 120, 300, 301
— Sauer 90, 292, 293
— Trauben 84, 101, 304, 305
— Weichsel 292, 293
Krähenbeere 113, 200, 201
Kornelkirsche 42, 174, 175
Kork-Eiche 118, 324, 325
Kreuzdorn
— Alpen 101, 326, 327
— Gemeiner 43, 44, 52, 328, 329
— Purgier 328, 329
Kronwicke
— Strauchige 82, 178, 179

Lärche 28, 32, 242, 243

Lavendel-Weide 76, 360, 361
Lebensbaum
— abendländischer 35, 36, 396, 397
— amerikanischer 32, 396, 397
— morgenländischer 36, 398, 399
Leder-Birne 312, 313
Liguster
— Gemeiner 54, 246, 247
Linde
— Sommer 56, 402, 403
— Winter 56, 400, 401
Lorbeer
— Edler 119, 244, 245
— Kirsche 120, 300, 301
— Seidelbast 116, 196, 197

Mädchenhaarbaum 222, 223
Mandelbaum 106, 286, 287
Manna-Esche 40, 220, 221
Marille 288, 289
Massholder
— Französischer 46, 126, 127
Maulbeerbaum
— Weisser 107, 260, 261
Mäusedorn
— Stechender 116, 346, 347
Mehlbeere
— Baum 103, 376, 377
— Breitblättrige 90, 384, 385
— Berg 104, 386, 387
— Mougeot's 386, 387
— Schwedische 104, 382, 383
— Zwerg 100, 380, 381
Mispel 97, 258, 259
Mistel 114, 420, 421
Moor
— Beere 80, 412, 413
— Birke 86, 156, 157
— Erika 204, 205
Morgenl. Lebensbaum 36, 398, 399
Mougeot's Mehlbeere 386, 387

Netz-Weide 71, 368, 369
Nordische Birke 148, 149
Nussbaum 81, 230, 231

Verzeichnis der Baum- und Straucharten

Pappel
— Italienische 282, 283
— Pyramiden 102, 282, 283
— Schwarz 88, 280, 281
— Silber 94, 278, 279
— Weiss 278, 279
— Zitter 103, 284, 285
Pfaffenhütchen 53, 208, 209
Pfirsichbaum 94, 95, 306, 307
Pflaumenbaum 93, 298, 299
Pimpernuss 43, 390, 391
Platane
— Ahornblättrige 69, 70, 276, 277
— Gewöhnliche 69, 276, 277
Preiselbeere 115, 414, 415
Pulverholz 216, 217
Purgier-Kreuzdorn 328, 329
Purpur-Weide 77, 366, 367
Pyramiden-Pappel 102, 282, 283

Quitte 105, 192, 193

Rainweide 246, 247
Rauschbeere 80, 412, 413
Reineclaude 93, 296, 297
Robinie 63, 340, 341
Rosskastanie 44, 45, 134, 135
Rot
— Buche 58, 210, 211
— Erle 136, 137
— Tanne 25, 28, 264, 265
Rote
— Heckenkirsche 50, 51, 254, 255
— Johannisbeere 336, 337
Roter
— Hartriegel 42, 176, 177
— Holunder 49, 374, 375
— Hornstrauch 42, 176, 177
Rotes Geissblatt 254, 255
Rostblättrige Alpenrose 117, 330, 331
Rüster 406, 407

Sadebaum 34, 236, 237
Sal-Weide 76, 356, 357

Sanddorn 64, 65, 226, 227
Sauer
— Dorn 64, 146, 147
— Kirsche 90, 292, 293
Säulenzypresse 35, 190, 191
Schlehdorn 308, 309
Schneeball
— Gemeiner 41, 418, 419
— Wolliger 38, 416, 417
Schneebirne 98, 312, 313
Schneeheide 112, 202, 203
Schwarz
— Birke 85, 152, 153
— Dorn 66, 308, 309
— Erle 78, 136, 137
— Föhre 270, 271
— Kiefer 30, 270, 271
— Pappel 88, 280, 281
Schwarze
— Heckenkirsche 51, 252, 253
— Krähenbeere 113, 200, 201
Schwarzer Holunder 38, 39, 48, 49, 372, 373
Schwarzes Geissblatt 252, 253
Schwedische Mehlbeere 104, 382, 383
Sefistrauch 33, 34, 236, 237
Seidelbast
— Alpen 83, 194, 195
— Gemeiner 83, 84, 198, 199
— Lorbeer 116, 196, 197
Silber
— Baum 376, 377
— Weide 74, 75, 348, 349
— Pappel 94, 278, 279
Silberregen 340, 341
Sommer
— Eiche 322, 323
— Linde 56, 402, 403
Spiessweide 364, 365
Spiessblättrige Weide, 364, 365
Spindelstrauch 53, 208, 209
Spitz-Ahorn 47, 130, 131
Stachelbeere 67, 338, 339
Stechender Mäusedorn 116, 346, 347
Stechginster 120, 404, 405

Verzeichnis der Baum- und Straucharten

Stechpalmen
— Eiche 118, 316, 317
— Gemeine 119, 228, 229
Stein
— Eiche 318, 319
— Mispel 69, 184, 185
— Weichsel 302, 303
Stiel-Eiche 108, 110, 322, 323
Strobe 272, 273
Strauch
— Birke 84, 85, 148, 149
— Wicke 178, 179
Strauchige Kronwicke 82, 178, 179
Stumpfblättrige Weide 370, 371
Stutzweide 370, 371

Tanne 122, 123
Tierlibaum 42, 174, 175
Tränen-Weide 352, 353
Trauben
— Eiche 109, 318, 319
— Holunder 374, 375
— Kirsche 84, 101, 304, 305
Türkische Hasel 182, 183

Ulme
— Berg 60-62, 408, 409
— Feld 62, 406, 407

Vogelbeerbaum 107, 110, 378, 379

Wacholder
— Gemeiner 33, 232, 233
— Zwerg 33, 34, 234, 235
Wald
— Föhre 28, 30, 31, 274, 275
— Kiefer 31, 274, 275
— Lorbeer 196, 197
Walnussbaum 230, 231
Wander
— Erika 206, 207
— Heide 113, 206, 207

Weide
— Aschgraue 74, 75, 358, 359
— Blaugrüne 73, 354, 355
— Bäumchen 72, 350, 351
— Grau 358, 359
— Hänge 77, 352, 353
— Kahle 70, 73, 74, 362, 363
— Lavendel 76, 360, 361
— Netz 71, 368, 369
— Purpur 77, 366, 367
— Sal 76, 356, 357
— Silber 74, 75, 348, 349
— Spiessblättrige 72, 364, 365
— Stumpfblättrige 71, 370, 371
— Tränen 352, 253
Weiss
— Ahorn 132, 133
— Buche 57, 162, 163
— Pappel 278, 279
— Tanne 25-27, 122, 123
— Weide 348, 349
Weissdorn
— Eingriffliger 65, 186, 187
— Spitzdorniger 188, 189
— Zweigriffliger 66, 188, 189
Weisser
— Maulbeerbaum 107, 260, 261
Weymouthkiefer 29, 272, 273
Weymouthskiefer 29, 272, 273
Winter-Linde 56, 400, 401
Wolliger Schneeball 38, 416, 417

Zerr-Eiche 108, 314, 315
Zilande 198, 199
Zirbe 266, 267
Zirbelkiefer 266, 267
Zitter-Pappel 103, 284, 285
Zürgelbaum 57, 166, 167
Zwerg
— Birke 87, 150, 151
— Mehlbeere 100, 380, 381
— Wacholder 33, 34, 234, 235
Zwetschgenbaum 98, 294, 295
Zypresse 35, 190, 191

Ektachrome-Entwicklung:	Colorlabor Zumstein, CH-3012 Bern
Fotolithos:	Ast + Jakob, CH-3098 Köniz
Gestaltung, Filmsatz:	Buri Druck AG, CH-3001 Bern
Reprovorlagen:	Farbstudio Fisler, CH-3018 Bern
Makroaufnahmen:	Mit Fotomakroskop Wild M400 der Firma Wild AG, Heerbrugg
Druck:	Brepols, B-2300 Turnhout